LES MYSTÈRES DE L'HISTOIRE

FRÉDÉRICK GERSAL

LES MYSTÈRES DE L'HISTOIRE

FIRST Editions

Cet ouvrage a été relu et complété par Augustin Jomier, historien, ancien élève de l'Ecole normale supérieure de lettres et sciences humaines de Lyon.

Cet ouvrage est déjà paru sous le titre *Les Grandes Énigmes de l'histoire*, Éditions First, 2006.

ISBN : 978-2-7540-1606-3

Dépôt légal : décembre 2013
Imprimé en France

Directric éditoriale : Marie-Anne Jost-Kotik
Édition : Laury-Anne Frut
Avec la participation d'Anne Blondet
Mise en page : Catheine Kédémos
Couverture : Bleu T

12, avenue d'Italie
75013 Paris
Tél : 01 44 16 09 00
Fax : 01 44 16 09 01
Courriel : firstinfo@efirst.com
Internet : www.editionsfirst.fr

Table des matières

« À Sabine, grâce à qui
l'Amour n'est plus un Mystère. »

PRÉFACE

Mystère et Histoire semblent liés depuis une éternité. Après tout, qu'est-ce qu'un mystère sinon une histoire qu'il faut tenter de découvrir, de décrypter, de dévoiler ? Et l'Histoire, avec un grand « H » existerait-elle, sans une dimension énigmatique ?

De l'histoire que l'on raconte à ses enfants ou petits-enfants le soir avant de se coucher, à celle que nous enseignent les instituteurs et les professeurs, en passant par toutes ces histoires que nous découvrons par nos lectures ou que nous vivons au quotidien, il reste bien souvent une part d'ombre, une zone de trouble qui nous empêche de les connaître entièrement.

Parfois le mystère est une qualité, un plus qui nous entraîne vers le rêve. Il laisse vagabonder l'esprit et, après tout, l'inconnu peut être séduisant. Il nous arrive même parfois de nous dire : « Surtout, je ne veux pas savoir… », non pas que cela gâcherait le plaisir – comme on ne veut pas connaître la fin d'un film ou le dénouement d'un roman –, mais plutôt à cause de la crainte de connaître la vérité !

Assurément, certains font œuvre de mystère comme Gaston Leroux, le père du *Mystère de la Chambre jaune*, et bien d'autres auteurs de romans policiers. Mais de nombreux mystères sont de véritables défis lancés aux historiens, chercheurs, écrivains et passionnés, du mystère des Templiers à celui de Rennes-le- Château…

Dans ce livre, nous allons nous transformer en Hercule Poirot de l'Histoire, en Tintin de l'intrigue, en Inspecteur Colombo de l'anecdote. Tout est bon pour raconter et progresser dans la recherche du savoir ; il nous faut déchirer le voile mystérieux qui trompe, cache ou tronque la vérité. Laissez-moi vous entraîner dans cette course folle et haletante, une course sans fin. Ensemble, nous allons vivre cette promenade à travers le temps en utilisant toutes les armes mises à notre disposition : la logique, l'intuition, la réflexion, sans oublier l'envie, l'appétit, le désir de résoudre ces enquêtes. Nous nous appuierons sur les documents, les données, les travaux des chercheurs, historiens et experts, sans oublier l'apport de la science et de la technique. Sur tous ces personnages présents dans ce livre et les événements évoqués pèse un doute et de nombreuses interrogations demeurent sans réponse.

Les chemins que nous empruntons nous ramènent inlassablement face à un mur ou à un trou béant qui paraît infranchissable. Alors il faut creuser, fouiller, défricher et parfois changer de direction, bifurquer, contourner ces obstacles.

Quoi de plus fascinant que de voir petit à petit le puzzle se mettre en place, chaque pièce venant se glisser parfaitement pour dévoiler enfin une part du mystère de cette Histoire ?

« Mais ne me suis-je pas trompé ? » Cette question invariable doit être posée en permanence pour éviter l'aveuglement ou les certitudes trop dangereuses.

Au fil des pages, vous allez rencontrer dix personnages de notre Histoire, dix personnalités remarquables. Ces héroïnes et ces héros, qui le furent parfois malgré eux, ont tous affronté un destin hors du commun. Vivant chacun à une époque différente, ces individus sont entrés dans notre Histoire et se sont installés dans nos mémoires. Certaines images d'Épinal restent solidement ancrées et il ne faut pas hésiter à les battre en brèche, tandis que d'autres éléments nouveaux sont à apporter au moulin qui s'agite au grand vent de l'Histoire.

Que ce soient des enfants comme Louis XVII et Bernadette Soubirous ou des femmes comme Agnès Sorel et Jeanne d'Arc ; que ce soit un chevalier devenu un monstre comme Gilles de Rais, un espion de haut vol qui se déguise comme le Chevalier d'Éon ou bien un homme emprisonné dans un masque de fer ; que ce soit Napoléon mourant à Sainte-Hélène, Henri IV assassiné par Ravaillac ou La Pérouse perdu en mer, toutes ces femmes et tous ces hommes sont de véritables marque-pages de notre histoire commune. Personnages de l'histoire de France, certes, mais surtout acteurs de l'histoire universelle, celle où se côtoie l'exceptionnel et le macabre, le grandiose et le misérable, l'amour et la haine : des images et des sentiments qui habitent les femmes et les hommes depuis longtemps, depuis toujours, pour l'éternité...

Alors bienvenue dans NOTRE histoire.

Frédérick GERSAL

Chapitre 1

Jeanne d'Arc, une héroïne sacrifiée

Ce mercredi 30 mai 1431, de très bonne heure, l'évêque de Beauvais, Pierre Cauchon, président du tribunal ecclésiastique ayant jugé Jeanne d'Arc, envoie auprès de la condamnée plusieurs émissaires chargés de lui annoncer sa fin prochaine.

Parmi eux se trouve un jeune dominicain du nom de frère Jean Toutmouillé qui nous a raconté, par écrit, cette pénible entrevue :

> « *Le jour que Jeanne fut délaissée au jugement séculier et livrée à combustion, je me trouvais le matin en la prison avec frère Martin Ladvenu, que l'évêque de Beauvais avait envoyé vers elle pour lui annoncer la mort prochaine et pour l'induire à vraie contrition et pénitence, et aussi pour l'entendre en confession. Ce que ledit Ladvenu fit fort soigneusement et charitablement. Et quand il annonça à la pauvre femme la mort dont elle devait mourir ce jour-là qu'ainsi ses juges l'avaient ordonné, et entendu et ouï la dure et cruelle mort qui lui était prochaine, elle commença à s'écrier douloureusement et pitoyablement...* "Hélas ! me traite-t-on ainsi horriblement et cruellement qu'il faille que mon corps net en entier, qui ne fut jamais corrompu, soit aujourd'hui consumé et rendu en cendres !"... *Après ces complaintes, survint l'évêque dénommé auquel elle dit aussitôt :* "Évêque, je meurs par vous !..." »

Cette fois sa cause est entendue, rien ni personne ne peut plus la sauver. Jeanne d'Arc va être emmenée place du Vieux-Marché de Rouen pour être brûlée vive.

Parmi les nombreux personnages présents, à cet instant, près du bûcher, se trouve l'huissier Jean Massieu, un proche de l'évêque Cauchon, qui nous a laissé, lui aussi, ses souvenirs :

« *Tandis que Jeanne faisait ses dévotions et pieuses lamentations, je fus fort pressé par les Anglais et mêmement par l'un de leurs capitaines de la leur laisser en main pour plus tôt la faire mourir... Et incontinent, sans aucune forme ou signe de jugement, l'envoyèrent au feu, en disant au maître de l'œuvre :* "Fais ton office". *Et ainsi fut menée et attachée en continuant les louanges et lamentations dévotes envers Dieu et les saints dont le dernier mot en trépassant cria à haute voix :* "Jésus !" »

Cette fois Jeanne d'Arc n'est plus !

À 19 ans, elle vient d'entrer définitivement dans l'histoire et peut-être, plus encore, dans la légende ! L'une de ces légendes peuplées de grands personnages qui forment notre véritable Panthéon.

Mais celle qui vient d'être brûlée vive, celle qui vient de quitter le monde des vivants, a eu une existence extraordinaire dans la France déchirée de cette première moitié du XVe siècle.

Pour mieux comprendre toute cette aventure, commençons par remonter le cours du temps...

Le cadre historique

Tout ce qui s'est passé durant la courte vie de Jeanne a eu lieu dans un cadre véritablement historique, une longue page de l'histoire française et européenne que l'on a baptisée, au XIXe siècle, du nom de guerre de Cent Ans.

Un terme un peu abusif puisque cette guerre se poursuit de 1337 à 1453, ce qui fait en tout cent seize ans, un siècle « rallongé » qui a été néanmoins entrecoupé de nombreuses trêves…

Quoi qu'il en soit, ces affrontements multiples ont déchiré les peuples de France et d'Angleterre.

En fait, les débuts de cette histoire remontent encore plus loin dans le temps…

Tout commence au XIe siècle, très exactement en 1066, avec l'arrivée sur le trône anglais du Normand Guillaume le Conquérant. En tant que ducs de Normandie, les rois d'Angleterre, pleinement souverains en leur royaume, doivent hommage au roi de France. Ces vieux litiges sont rallumés, près d'un siècle plus tard, avec la répudiation d'Aliénor d'Aquitaine par son époux, le roi de France Louis VII ; puis lors du remariage de la duchesse d'Aquitaine avec le comte d'Anjou et duc de Normandie, Henri II Plantagenêt, qui devient roi d'Angleterre dès 1154. Aliénor a donc apporté à la couronne anglaise, dans sa corbeille de noces, toutes ses possessions de l'Ouest de la France. Des territoires importants qui prennent le nom de Guyenne et comprennent : la Gascogne, le Limousin, le Périgord, le Quercy, le Poitou et la Saintonge…

C'est bien toute cette partie occidentale de la France qui va devenir un enjeu politique et militaire, débouchant sur une suite interminable d'affrontements entre deux rois, deux armées, deux peuples !

Un nouveau point de friction survient au début des années 1330, lorsque le roi d'Angleterre, Édouard III, fait valoir, à la suite du décès de Charles IV, ses droits dans la succession au trône de France. Descendant d'Isabelle, sœur du défunt, il prétend devenir roi. Il avait pourtant été décidé en 1316, lors de l'accession au pouvoir de Philippe V, qu'une femme ne pouvait prétendre au trône de France. La question de savoir si ces droits pouvaient être transmis par les femmes à des descendants mâles restait toutefois ouverte. En l'occurrence, le trône avait été donné, à travers la lignée masculine, à Philippe VI comte de Valois. Édouard avait été obligé d'accepter ce fait et de rendre hommage pour l'Aquitaine. Les relations franco-anglaises se détériorent très rapidement, et ce d'autant plus que Philippe VI conclut une alliance avec l'Écosse, ennemie jurée de l'Angleterre.

La confiscation des terres de Guyenne par Philippe VI en 1337 entraîne l'ouverture des hostilités. Cette « guerre de succession » est un prétexte, car les deux monarchies s'affrontent à la fois pour ces territoires anglais sur la terre de France et pour la Flandre, dont le comte est également vassal de Philippe VI. Ce comte de Flandre, Louis de Nevers, prend une position clairement antianglaise. Il n'en faut pas plus pour faire entrer Édouard III dans une colère noire... Avec sa puissante marine, il décide de décréter un embargo commercial.

C'est ainsi que débute cette guerre de Cent Ans !

Le premier affrontement militaire se déroule en Flandre avec la destruction de la flotte française dans le port de l'Écluse en 1340. La supériorité navale et terrestre des Anglais leur permet de prendre l'avantage. Dans la foulée, le roi Édouard III débarque en France et son fils le prince de Galles, surnommé le Prince noir, dirige les armées anglaises...

À la suite de ce premier acte de guerre, de nombreux épisodes vont marquer cette guerre de Cent Ans. Souvenons-nous de la bataille de Crécy perdue par Philippe VI en 1346, de la prise de Calais par les Anglais en 1347 ou de la défaite de Jean II le Bon à la bataille de Nouaillé-Maupertuis, près de Poitiers en 1356. Fait prisonnier, le roi de France est emmené captif à Londres. Enfin, dernier exemple, la terrible défaite d'Azincourt en 1415...

Voilà déjà près de quatre-vingts ans que ces deux nations se déchirent... C'est alors qu'arrive notre héroïne, Jeanne.

Les débuts de Jeanne

Si elle aime se présenter sous le nom de « Jehanne la Pucelle », plus tard, après sa disparition, poètes, historiens et biographes parleront d'elle en utilisant le patronyme de « Jeanne d'Arc ». Si vous le permettez, pour la suite de son incroyable histoire, nous l'appellerons par son simple et beau prénom de Jeanne.

C'est à Domrémy que Jeanne voit le jour, peut-être le 6 janvier 1412... En tout cas, lorsque débute son procès, le mercredi 21 février 1431, vers 8 heures du matin, Jeanne est d'abord interrogée sur son état civil. La question rituelle lui est posée, suivant la formule consacrée : « Nom, prénom, qualité... » Et Jeanne de répondre :

> *« Au pays où je suis née on m'appelait Jeannette, et en France, Jeanne... Je suis née en un village qu'on appelait Domrémy-Greux, au lieu de Greux est la principale église. Mon père était nommé Jacques d'Arc, et ma mère Isabeau. »*

Ce petit village de Domrémy se trouve aux confins de la Lorraine et du Barrois, en une région où les terres se partagent les faveurs des deux ennemis : d'un côté le camp favorable à la couronne de France et, de l'autre, le camp des Anglo-Bourguignons.

Fille d'un laboureur relativement aisé de Lorraine, Jeanne dit avoir environ 19 ans au moment de son procès. Elle est donc née autour de l'année 1412. Avec ses frères aînés, elle vit modestement. Si, de temps en temps, elle est chargée par son père de mener les moutons du troupeau familial, Jeanne affirme que pendant sa petite enfance, elle se voit plutôt confier les travaux d'intérieur, ménage et couture ; d'ailleurs elle le dit lors de son procès :

« … Je ne crains femme de Rouen pour filer et coudre… »

Alors qu'autour d'elle, les bruits terribles de la guerre se font entendre, détruisant les familles et déchirant la France, Jeanne, qui a été baptisée, est élevée dans la religion chrétienne. Les témoignages sont nombreux pour évoquer sa grande piété, comme le montre cette fameuse histoire de l'« Arbre des fées ». Très connu dans la région, cet arbre est un grand hêtre autour duquel aiment se rassembler les villageois pour danser ou chanter – chants et danses qui déplaisent aux ecclésiastiques.

Si Jeanne en parle à cœur ouvert devant ses juges, comme le rapportent Régine Pernoud et Marie-Véronique Clin dans leur biographie, elle précise que c'est une pieuse coutume. Ses biographes citent le texte du procès tel que Jeanne le raconte :

« Assez près du village de Domrémy, il y a un arbre, qu'on appelle l'Arbre des dames ; d'autres l'appellent l'Arbre des fées ; auprès duquel est une source ; j'ai entendu dire que les malades de la fièvre boivent à cette source et vont y chercher de l'eau pour avoir santé… Quelquefois j'allais m'y promener avec les autres filles et je faisais à cet arbre des guirlandes pour l'image de Notre-Dame de Domrémy… Je ne sais pas si depuis que j'ai eu discernement, j'ai dansé près de cet arbre ; j'ai bien pu danser avec les enfants, mais j'y ai plus chanté que dansé… ».

Voilà donc comment vit la jeune Jeanne, comme toutes les autres fillettes de son village... Jusqu'à ce jour d'été, sans doute de l'an de grâce 1425, où sa vie va véritablement basculer !

Ce jour-là, au Bois Chesnu – c'est-à-dire dans un bois de chênes – Jeanne entend des voix...

Des voix qui viennent du ciel, des voix qui ne restent pas anonymes. Elle le raconte lors de son interrogatoire :

> *« Ce fut saint Michel que je vis devant mes yeux et il n'était pas seul, mais était bien accompagné d'anges du ciel... Je les ai vus de mes yeux corporels aussi bien comme je vous vois ; et quand ils me quittaient je pleurais et j'eusse bien voulu qu'ils m'emportent avec eux. »*

Saint Michel, dont le nom vient de l'hébreu *Mi Kha'El*, et signifie « Qui est comme Dieu », se trouve évoqué dans l'Ancien Testament. Le Livre de Daniel nous parle de ce Mikaël comme du grand chef d'une armée céleste. Dans le Nouveau Testament, il réapparaît sous la plume de Jude dans son épître, mais aussi dans l'Apocalypse de Saint Jean, où il est écrit :

> *« Et il y eut une guerre dans le ciel : Mikaël et ses anges faisaient la guerre au Dragon. Et le Dragon fit la guerre, ainsi que ses anges, et ils n'eurent pas le dessus, et on ne trouva plus leur place dans le ciel... »* (Apocalypse 12,7-9).

Chef des milices célestes, porte-étendard de Dieu, c'est l'archange saint Michel qui chasse en enfer le mauvais ange Lucifer. Les Écritures et les Pères de l'Église en ont fait l'ange du peuple élu, des juifs puis de l'Église. Il devient le saint patron de l'Empire carolingien et, à partir du XIe siècle, de la *Francia occidentalis*. Saint Michel est particulièrement vénéré dans le royaume à l'époque de Jeanne, notamment à cause de la résistance héroïque du mont Saint-Michel aux assauts anglais, dans les années 1420-1430. Les rois Charles VI et Charles VII lui vouent un culte tout particulier et en ont fait définitivement le saint protecteur des rois de France.

Aux côtés de saint Michel, deux saintes parlent à Jeanne : sainte Marguerite et sainte Catherine qui lui confient d'incroyables missions. Toutes deux sont honorées comme vierges et martyres. Sainte Marguerite est, comme saint Michel, représentée avec un dragon terrassé à ses pieds. Cet animal fabuleux est un ennemi venu de la mer, tout comme les Anglais auxquels il est identifié. Quant à sainte Catherine, elle est vénérée dans le sanctuaire de Fierbois, celui où, guidée par la sainte, Jeanne découvrira miraculeusement son épée.

Ces trois voix lui ordonnent de se rendre en France, de rencontrer le Dauphin et de se battre contre les Anglais qui font le siège d'Orléans... Un guerrier, deux vierges et martyres : le sort de Jeanne se lit déjà dans la légende de ses trois commanditaires !

De telles tâches bouleversent l'esprit de Jeanne qui va mettre plusieurs mois avant de confier son lourd secret à un proche parent, son oncle Durand Laxart. Elle ne l'a sans doute pas choisi par hasard. Cet homme va pouvoir l'aider à accomplir sa tâche : en lui mettant le pied à l'étrier, au sens propre comme au sens figuré !

Jeanne se met en route

Dans ces campagnes détruites par la guerre, Jeanne sait qu'elle ne peut se rendre seule et sans escorte auprès du Dauphin Charles. Avec l'appui de son oncle Durand Laxart, elle va aux devants du sire Robert de Baudricourt, capitaine de la cité fortifiée de Vaucouleurs, une place forte qu'il défend avec ses hommes face aux Anglo-Bourguignons. Baudricourt est l'un des rares de la région à soutenir le camp français… C'est donc l'homme de la situation pour Jeanne. Il est le seul à pouvoir l'aider à rejoindre Charles sur les bords de Loire.

Durand Laxart et Jeanne arrivent à Vaucouleurs pour une première entrevue avec Baudricourt, le 13 mai 1428. Il faut bien avouer que celui-ci a d'autres chats à fouetter. Très préoccupé par la situation militaire et politique, il accepte pourtant d'écouter cette jeune fille qui a décidé de venir le voir. Auprès de Robert de Baudricourt se trouvent plusieurs de ses proches dont l'écuyer Bertrand de Poulengy qui s'est souvenu de cette rencontre :

> *« Elle lui disait qu'elle était venue de la part de son Seigneur pour mander au Dauphin qu'il se tienne bien… que le Seigneur lui donnerait du secours avant la mi-carême. Elle ajoutait que le royaume de France ne regardait pas le Dauphin mais son Seigneur et que son Seigneur souhaitait que le Dauphin devienne roi et tienne le royaume en commande et que malgré ses ennemis, le Dauphin serait fait roi et qu'elle-même le conduirait pour le faire sacrer… »*

Face à de telles affirmations, on peut imaginer aisément ce que le sire de Baudricourt a pu penser. Sans doute a-t-il souri du moins dans son for intérieur, lui qui se bat quotidiennement aux confins de ce royaume moribond… Ayant laissé parlé Jeanne, il lui demande, non sans ironie : « *Mais quel est donc ce Seigneur dont tu parles ?* » et Jeanne lui répond simplement : « *Le roi du Ciel !* »

Cette réponse ne suffit pas à le convaincre et il renvoie Jeanne à ses ouvrages de couture et à ses travaux des champs, non sans demander à son oncle, Durand Laxart, de bien vouloir « *… la ramener à la maison de son père après l'avoir bien giflée !* »

Ce premier échec ne va pas émousser la volonté de Jeanne. Pourtant, les semaines et les mois passent, les bruits de guerre se rapprochent dangereusement, les habitants de Domrémy doivent partir se réfugier quelque temps derrière les remparts de Neufchâteau…

Avec l'aide de son oncle, Jeanne décide de retourner voir Robert de Baudricourt. Encore une fois, cet homme est le seul de la région à pouvoir lui offrir une aide sérieuse.

Malgré l'interdiction formelle de son père, elle reprend le chemin de Vaucouleurs en janvier 1429. Cette fois elle parvient à convaincre, non pas Baudricourt directement, mais une partie de son entourage et la population de Vaucouleurs. Jeanne, vêtue de sa fameuse robe rouge, défend ses affirmations avec passion et commence à séduire ses auditeurs. Parmi eux, Bertrand de Poulengy, l'écuyer, et Jean de Metz. Ce fidèle du Dauphin Charles demande à Jeanne quand elle souhaite partir. Jeanne répond :

« Plutôt aujourd'hui que demain, et demain que plus tard ! »

Cette fois l'affaire est entendue, Jeanne va pouvoir quitter la Lorraine. Les uns et les autres se cotisent pour lui permettre de faire l'acquisition d'un cheval, une épée, des éperons et des vêtements d'homme : une tunique et des chausses. Puis, le 13 février 1429, Robert de Baudricourt laisse partir cet étrange équipage en disant à Jeanne :

« Va, va et qu'il advienne que pourra ! »

Jeanne et sa petite escorte quittent Vaucouleurs, elle part vers son destin !

Il ne lui reste que deux ans et trois mois et demi à vivre.

Jeanne part à la rencontre du Dauphin

Cette petite troupe qui accompagne Jeanne va chevaucher pendant dix jours pour franchir les quelque 470 kilomètres qui séparent Vaucouleurs de Chinon où se trouve le Dauphin Charles. Il faut avancer avec précaution, et parfois de nuit, car certains territoires traversés sont occupés par les Anglais et les Bourguignons. Cette petite troupe passe par Auxerre, Gien et Loches avant d'arriver à Chinon le 2 février 1429.

Sur les bords de la Vienne, juché au sommet d'un éperon rocheux, le château de Chinon – ou plutôt faut-il parler des châteaux – domine cette rivière qui descend du plateau de Millevaches pour se jeter dans les bras de la Loire. Cette position surélevée n'a pas échappé à la perspicacité des Gaulois qui y ont installé une place forte, devenue oppidum après l'invasion des légions romaines. Comme bien souvent, les lieux géographiquement privilégiés défient le temps. À chaque génération, des pierres succèdent aux pierres, des murs servent de fondations pour de nouvelles constructions. Après avoir vu passer les Wisigoths et les Francs de Clovis, cette « montagne » est couronnée de forteresses érigées par les comtes de Blois et baptisées le château du Milieu et le château de Coudray.

Au cours du XIe siècle, Chinon devient possession des comtes d'Anjou. Lorsque l'un de ces nobles seigneurs, Henri Plantagenêt, monte sur le trône d'Angleterre, il en fait l'une de ses résidences sur le continent, à mi-chemin entre son royaume et l'Aquitaine que lui a offerte son épouse Aliénor.

Plus tard, Philippe Auguste permet à la France de reprendre Chinon et Philippe le Bel y enferme un certain nombre de Templiers durant leur procès.

Il faut attendre les dernières années de la guerre de Cent Ans pour faire entrer Chinon, grâce à cette fameuse rencontre, dans le livre d'or des grandes épopées.

Jeanne, à Chinon, est accueillie plutôt froidement. Elle demande à rencontrer le Dauphin Charles, mais l'homme, craintif, n'ose pas la recevoir. Il faut avouer que son parcours a été chaotique…

Né en 1403, Charles est le quatrième fils du roi de France Charles VI et de la reine Isabeau de Bavière. Il ne devait pas régner et n'y a pas été préparé mais ses trois frères disparaissent tandis que son père sombre dans une folie dangereuse pour le royaume. La France est presque entièrement occupée par les Anglais. Alliés aux ducs de Bourgogne, les rois d'outre-Manche sonnent la curée.

En signant, en 1420, le traité de Troyes avec l'anglais Henri V, Charles VI, le fol, a accepté d'en faire son successeur. La France va-t-elle tomber dans le giron de l'Angleterre ?

Non, bien sûr, la réponse, nous la connaissons ! Mais lorsque Charles VI disparaît en 1422, pour le Dauphin Charles, la situation est délicate. Il n'est reconnu que par une minorité de sujets et, de plus, de nombreuses rumeurs circulent sur sa bâtardise, semant le doute dans son esprit fragile.

Au cours des premières années de son pseudo-règne, Charles séjourne fréquemment à Bourges et dans les châteaux des environs. Ironiquement surnommé le « petit roi de Bourges » par les Anglais, il tente à la fois de démêler l'écheveau de l'alliance anglo-bourguignonne et de s'imposer auprès des puissants seigneurs français. Il a bien du mal !

De leur côté, les capitaines anglais, bien décidés à en finir avec une ultime poche de résistance française, réclament l'organisation d'une campagne militaire visant à prendre la ville d'Orléans, véritable verrou sur la Loire, assiégée depuis 1428.

La situation du Dauphin Charles est critique, il ne sait plus à quel saint se vouer et pourtant, quand Jeanne débarque à Chinon, il tergiverse, il hésite, il s'interroge... ou plutôt, il fait interroger cette jeune fille sur ses intentions réelles. Elle, qui est parvenue à franchir les lignes ennemies pour le rencontrer, au péril de sa vie.

Après tant d'hésitations, le Dauphin Charles accepte enfin de la recevoir. En suivant le chemin qui monte au château de Chinon, Jeanne ne s'attend pas à un tel spectacle !

Introduite par le comte de Vendôme, elle pénètre dans la grande salle où l'attend toute la Cour. Éclairés par de nombreuses torches, des dizaines de regards aussi emplis de curiosité que de haine se portent sur elle. Sans hésiter, elle s'approche d'un groupe de courtisans et s'incline devant l'un d'eux en lui disant :

« Dieu vous donne longue vie, gentil Dauphin. »

L'homme lui fait comprendre qu'elle se trompe, il n'est pas Charles. Bien qu'elle ne l'ait jamais vu, Jeanne insiste :

« En nom Dieu, gentil prince, c'est vous et non autre. »

Cette fois tout est dit : en déjouant ce piège grossier et en reconnaissant le Dauphin habillé en simple courtisan, Jeanne s'est imposée. Elle se présente à son roi et explique à nouveau l'objet de sa démarche. Elle répond à ses questions :

« Gentil Dauphin, j'ai nom Jeanne la Pucelle et vous mande le Roi des Cieux par moi que vous serez sacré et couronné dans la ville de Reims et vous serez lieutenant du Roi des cieux qui est Roi de France... »

Puis, tous deux s'écartent du reste de l'assemblée et conversent quelques instants. Pendant ce court entretien, Jeanne offre à Charles une preuve irréfutable de sa haute mission, le laissant bouleversé. Cette preuve, nous ne la connaissons pas et nous ne la connaîtrons jamais.

Ce qui va permettre à de nombreux historiens ou romanciers d'échafauder d'incroyables théories...

Quoi qu'il en soit, le château de Chinon a été le cadre d'une révélation et d'un nouvel élan donné à la reconquête de la France sur ses envahisseurs !

Jeanne est mise à l'épreuve

Les premières révélations de Jeanne ne suffisent pas à faire envoler tous les doutes, toutes les craintes du Dauphin et de son entourage. Il décide alors d'envoyer Jeanne à Poitiers, pour qu'elle y soit interrogée par un collège d'éminents spécialistes. C'est dans cette bonne ville de Poitiers, restée favorable au Dauphin, que se sont installés, depuis plusieurs années, le Parlement du royaume et la Cour des aides.

Jeanne arrive à Poitiers où elle est interrogée pendant trois semaines par cette « commission » composée de prélats, de théologiens et de maîtres de l'université. Ses réponses sont claires, son visage est serein, Jeanne passe ces épreuves sans encombre.

Au frère Seguin qui lui demande : « *Quel langage parle ta voix ?* », Jeanne lui répond : « *Meilleur que le vôtre !* » et à sa question : « *Crois-tu en Dieu ?* », elle lui rétorque : « *Oui, mieux que vous !* »

Encore une fois, Jeanne annonce à ces interrogateurs que la ville d'Orléans va être libérée, que les Anglais vont être chassés, que le Dauphin sera sacré à Reims !

Devant tant de bonnes nouvelles, ses juges s'inclinent. D'ailleurs les conclusions des docteurs sont sans appel :

« En elle, Jeanne, on ne trouve pas de mal, mais seulement du bien, humilité, virginité, dévotion, honnêteté, simplicité. »

Oui parce que la « virginité » de Jeanne a aussi été vérifiée à l'occasion de ce passage à Poitiers ! Si, par hasard, elle est envoyée par le diable et non par Dieu, sans aucun doute, elle ne peut être vierge. Cet « examen médical », voulu par plusieurs ecclésiastiques, est dirigé par Yolande d'Aragon, la belle-mère du Dauphin Charles, assistée de plusieurs autres dames.

Cette fois, Jeanne a répondu à toutes les attentes, à tous les questionnements, à toutes les interrogations. Oh, bien sûr ! elle n'est pas parvenue à convaincre tout le monde et n'y parviendra jamais. Mais un noyau dur de personnes influentes va lui permettre d'engager la lutte. Jeanne peut dès lors quitter Poitiers.

Il ne lui reste que deux ans à vivre.

Jeanne se lance dans le combat

En quittant Poitiers, la partie n'est pas encore gagnée pour Jeanne. Rien ne dit que l'on va lui confier une armée à diriger. Et puis il faut trouver des fonds. Dans cette France appauvrie, dans ce royaume qui n'en est plus un, l'argent, comme partout ailleurs, est le nerf de la guerre. Et l'argent manque !

C'est à Tours que se joue la dernière scène de ce premier acte. Le trésor royal est encore sollicité pour parvenir à rassembler de nouvelles troupes. Il faut aussi en appeler à la générosité des Grands. Les uns acceptent en échange d'un poste de commandement, comme le fait Gilles de Rais. Les autres réclament des garanties, comme Georges de La Trémoille qui reçoit en gage le château de Lusignan... L'argent est débloqué, des centaines d'hommes et de chevaux vont se retrouver à Blois. C'est là que Jeanne, ayant revêtu son armure et portant son épée, parle à ses troupes, leur demandant de se battre fièrement et de ne pas profiter des batailles pour procéder aux pillages habituels, si révoltants...

Le 22 avril 1429, cette armée part en campagne, menée par Jeanne, avec à ses côtés de brillants capitaines comme Gilles de Rais, Xaintrailles ou La Hire et deux de ses frères, Pierre et Jean.

Le combat est difficile à Orléans où les Anglais tiennent fermement le siège depuis plusieurs mois. La simple apparition de Jeanne auprès des soldats renforce leur ardeur et permet d'abattre des montagnes. Si ce n'est des montagnes, du moins des murailles et des remparts...

Sans entrer dans le détail de cette bataille, Orléans est libérée en quelques jours et la nouvelle se répand à travers le « royaume » tout entier. Après cette première victoire, le Dauphin Charles demande conseil à chacun. Jeanne ne se laisse pas impressionner, elle connaît parfaitement les autres tâches que ses « voix » lui ont ordonné d'accomplir. Elle n'en démord pas, il faut emmener le Dauphin Charles le plus vite possible à Reims pour le sacre. Il faut redonner un roi au pays, pour que, dans cette reconquête, le souverain soit un véritable guide.

À cet instant, Jeanne obtient, en partie, gain de cause. Ses arguments ont su toucher le cœur, mais la raison ne l'entend pas ainsi. Avant de partir pour Reims, le Conseil du Dauphin décide de tirer parti du succès d'Orléans pour pourchasser les Anglais le long de la Loire.

Pendant près d'un mois, les affrontements se multiplient, les places de Jargeau, Meung-sur-Loire et Beaugency sont également libérées. La bataille de Patay, à quelques lieues au nord d'Orléans, se transforme en une véritable déroute pour les Anglais. Ils perdent deux mille combattants et les Français, deux seulement...

Volant de victoire en victoire, Jeanne est aussi récompensée lorsque, le 29 juin 1429, l'armée royale se met enfin en marche vers Reims. Ce n'est qu'une pause dans sa lutte contre les Anglais, mais ce sacre est un acte majeur de notre histoire. En accompagnant Charles à Reims, Jeanne lui offre son entière légitimité. Il succède enfin définitivement à son père sur le trône de France. Une fois qu'il sera oint, plus aucune rumeur sur sa prétendue bâtardise ne peut l'atteindre.

Charles, Jeanne, les grands personnages, l'armée royale, tous arrivent près de Reims le samedi 16 juillet 1429. Il est de coutume que le sacre royal se déroule un dimanche. Faut-il qu'il ait lieu dès le lendemain ? Peut-on attendre une semaine ?

Rapidement la décision est prise de procéder au sacre du roi dès le 17 juillet. La cérémonie est émouvante, comme à chaque fois, même si, ce jour-là, les principaux attributs royaux n'ont pas pu être rapportés de Saint-Denis.

Ce 17 juillet 1429, grâce à la volonté de Jeanne, le Dauphin, le « petit roi de Bourges » devient Charles VII, le Victorieux. C'est bien ce nom que l'histoire retiendra !

Pour Jeanne comme pour les autres, cette journée mémorable ne met pas fin à l'occupation anglaise. L'armée royale se disloque, chacun partant combattre l'ennemi en différents endroits. Pendant dix mois, Jeanne va chevaucher, commander et se battre entre Loire et Seine, à Paris et en Île-de-France... Jusqu'à ce 23 mai 1430 où la Pucelle se trouve dans la ville de Compiègne.

Vers 18 heures, elle décide de tenter une sortie pour aller affronter les troupes bourguignonnes commandées par Jean de Luxembourg. Rapidement Jeanne se trouve prise entre deux feux. Avec ses hommes, elle tente de rebrousser chemin et de rentrer dans Compiègne, mais quand elle se présente devant la porte, le pont-levis est remonté... Jeanne est désarçonnée, arrêtée et emprisonnée.

Il lui reste un an et sept jours à vivre.

Jeanne est jugée

Une fois arrêtée, Jeanne devient l'enjeu de tractations politiques et financières. Saisie par les Bourguignons, elle est demandée à la fois par les maîtres de l'université de Paris qui sont à la botte du duc de Bourgogne et qui souhaitent juger cette hérétique, mais aussi par les Anglais. À la suite d'un sombre stratagème, Jeanne est remise aux Anglais, moyennant le paiement d'une rançon. Elle est emmenée à Rouen, capitale continentale du roi Henri VI.

Le procès est confié à l'évêque de Beauvais, Pierre Cauchon, car c'est sur le territoire de son diocèse que Jeanne a été faite prisonnière. Tout dévoué aux Anglais, Pierre Cauchon fait procéder à des enquêtes et à de nombreux interrogatoires.

Les maîtres de l'université de Paris quant à eux, au nom de la Sainte Inquisition, font pression sur l'évêque : ils veulent convaincre leurs contemporains que cette Jeanne est l'envoyée du diable, une fille du peuple, une ignorante qui les a trompés ! Pour ces universitaires, elle est l'ennemi à abattre et ils vont parvenir à leurs fins !

Pendant ce temps, les amis de Jeanne semblent étrangement absents...

Ses fidèles capitaines, La Hire et Gilles de Rais, ont bien tenté un coup de force, mais en vain. Quant au roi Charles VII, il a certes envoyé des courriers au duc de Bourgogne et financé une troupe armée pour la faire libérer... mais il n'a sans doute pas tout tenté pour sauver celle qui a protégé sa couronne.

Jeanne est condamnée à mort le 29 mai 1431. Le lendemain, la tête recouverte d'un mitre, elle est conduite sur la place du marché de Rouen. Près d'un millier de soldats empêchent une foule immense de s'approcher. À 9 heures, le bourreau met le feu au bûcher. Quelques minutes plus tard, la Pucelle est morte. Ses cendres sont jetées dans les eaux de la Seine à la demande des Anglais, pour éviter qu'un culte ne naisse autour de sa sépulture.

Vingt-cinq ans plus tard, le pape Calixte III prononce la réhabilitation de Jeanne : personne à cette époque ne pense à la faire canoniser, il s'agissait seulement de prouver que le roi très chrétien n'avait pas reçu l'aide d'une hérétique. Il faut attendre le 9 mai 1920 pour qu'elle soit canonisée par le pape Benoît XV et devienne sainte Jeanne d'Arc.

Jeanne et la postérité

Depuis près de six siècles, le personnage de Jeanne ne laisse personne indifférent. Les théories les plus étonnantes, les thèses les plus surprenantes, les affirmations les plus rocambolesques sont présentées aux lecteurs et aux cinéphiles.

Parmi ces multiples hypothèses n'a-t-on pas affirmé que Jeanne est de naissance royale ?

Elle serait la fille de Louis d'Orléans, l'oncle paternel de Charles VII et d'Isabeau de Bavière, la mère de Charles VII. Jeanne serait donc la demi-sœur du roi. C'est ce secret qu'elle lui aurait confié discrètement au cours de leur entrevue au château de Chinon !

Mais certaines dates ne peuvent véritablement correspondre, comme l'année du décès de Louis d'Orléans, assassiné en 1407, alors que Jeanne est née en 1412...

Autre hypothèse avancée: Jeanne n'a pas été brûlée sur le bûcher de la place du Vieux-Marché de Rouen ! Au dernier moment, les Anglais auraient décidé de lui substituer une autre prisonnière. Certains y ont songé, dès le XVe siècle, surtout lorsqu'une dénommée Claude des Armoises se fit connaître comme « Pucelle de France ». Présentée à la famille de Jeanne puis au roi lui-même, cette Claude des Armoises a été rapidement démasquée avant de disparaître.

Quelques années plus tard, en Anjou, une autre jeune fille, Jeanne de Sermaize, fut emprisonnée pour avoir affirmé être «Jeanne la Pucelle»...

Comme toujours dans pareil cas, un destin aussi exceptionnel fait galoper les imaginations...

Mais Jeanne d'Arc est unique dans notre histoire !

Bibliographie

BEAUNE, Colette, *Jeanne d'Arc*, Paris, Perrin, 2004.

BONNET Laurent, *En chemin avec Jeanne d'Arc*, Rennes, Ouest France, 2004.

BORDONOVE, Georges, *Jeanne d'Arc et la guerre de Cent Ans*, Paris, Pygmalion, 1995.

BOUZY, Olivier, *Jeanne d'Arc : mythes et réalités*, Paris, PUF, 1999.

BULLY, Philippe, *Charles VII*, Paris, Tallandier, 1998.

CLIN, Marie-Véronique, *Jeanne d'Arc*, Paris, Le cavalier bleu, 2003.

HERUBEL, Michel, *Charles VII*, Paris, Olivier Orban, 1981.

KRUMEICH, Gerd, *Jeanne d'Arc à travers l'Histoire*, Paris, Albin Michel, 1993.

PERNOUD, Régine, *Jeanne d'Arc : la reconquête de la France*, Paris, Folio Gallimard, 1997.

PERNOUD, Régine, *«J'ai nom Jeanne la Pucelle»*, Paris, Découvertes Gallimard, 1994.

PERNOUD, Régine, *Jeanne d'Arc*, Paris, Perrin, 1981.

Chapitre 2

Gilles de Rais, rebelle ou barbe-bleue ?

Au mois de janvier 1697, Charles Perrault, tout juste âgé de 69 ans, publie, sous le nom de son fils, un ouvrage intitulé très exactement : *Histoires ou contes du temps passé, avec des moralités*, également désigné sous le titre de *Contes de ma mère l'Oye*. L'idée lui est venue de recueillir les contes que les enfants aiment entendre de la bouche de leurs mamans ou de leurs nourrices. Comme toujours, Charles Perrault a puisé dans un large fonds de tradition populaire. Parmi les contes qu'il propose aux lecteurs, on peut citer *Le Petit Chaperon rouge, Cendrillon ou la petite pantoufle de vair, Peau d'Âne, Riquet à la houppe, Le Petit Poucet* ou encore : *La Barbe bleue* !

Ce dernier débute ainsi :

> *« Il était une fois un homme qui avait de belles maisons à la ville et à la campagne, de la vaisselle d'or et d'argent, des meubles, des broderies et des carrosses tout dorés. Mais, par malheur, cet homme avait la barbe bleue : cela le rendait si laid et si terrible, qu'il n'était ni femme ni fille qui ne s'enfuît de devant lui… »*

Bref ! Cette barbe bleue fait peur, et pour cause !

Ce conte pour enfants n'est pas né de l'imagination féconde de Charles Perrault mais il est sans doute inspiré par une histoire vraie. Une histoire affreuse, une histoire diabolique…

C'est l'histoire de Gilles de Rais qui commence, comme toutes les histoires, par ces quelques mots : « Il était une fois… »

Il était une fois… Gilles de Rais

Gilles de Rais est né vers la fin de l'année 1404 ou le début de l'année 1405 à Champtocé en Anjou, sur les terres familiales situées à environ 25 kilomètres d'Angers, dans l'actuel département du Maine-et-Loire.

Ce nom de Rais est celui d'une région de la Vendée qui se nomme de nos jours le pays de Retz. Les traces de ses lointains ancêtres se retrouvent autour de l'an mil… Cette terre de Retz s'est transmise de père en fils jusqu'au début de ce xve siècle, époque où Jeanne la Sage, se retrouvant sans descendant, doit prendre une décision rapide. En effet, les puissants seigneurs qui l'entourent, comme le duc de Bretagne, ne rêvent que d'une chose : mettre la main sur sa baronnie.

Pour éviter cette fin malheureuse, Jeanne la Sage décide donc de désigner son héritier. Elle choisit son neveu, Guy de Laval, qui promet en même temps non seulement de sauvegarder et protéger ces terres mais aussi de relever et conserver le nom et les armes de la famille de Rais. L'accord est donc scellé, Guy de Laval devient le seigneur des lieux. Quelques mois plus tard, il épouse Marie de Craon qui donne naissance à notre personnage, Gilles de Rais.

L'homme fort de la famille n'est pas le père du petit Gilles, mais son grand-père maternel, Jean de Craon. Tout au long de sa vie, il n'a pensé qu'à une seule chose, agrandir ses domaines et augmenter sa fortune. Pour cela, si plusieurs solutions s'offrent à lui, des actions guerrières ou des mariages arrangés, il préfère la seconde. C'est comme cela qu'avec le mariage de sa fille Marie, il a glissé, dans la besace familiale, tout ce pays de Rais qui borde la mer au sud de la Loire, près de Nantes.

Revenons-en au petit Gilles. Il est élevé dans les châteaux de la famille, on lui enseigne le grec et le latin, il apprend également à chanter, interprétant magnifiquement des chants liturgiques et se voit même formé dans l'art pictural et notamment la peinture d'enluminures. Gilles de Rais reçoit donc une éducation assez raffinée pour cette époque tumultueuse où les arts et les lettres passent, dans les familles nobles, bien après l'équitation et les armes dans l'éducation des fils.

Malheureusement, cette existence heureuse s'assombrit en quelques mois, entre 1414 et 1415. Alors tout juste âgé d'une dizaine d'années, Gilles de Rais perd à la fois sa mère, qui vient de lui donner un petit frère prénommé René, et son père, Guy de Laval et de Rais. Ce puissant seigneur qui meurt à Machecoul, sans doute éventré par un sanglier à la suite d'une partie de chasse, confie ses fils, dans son testament, à la protection de l'un de ses beaux-frères, car il n'a aucune confiance en son beau-père Jean de Craon. Mais le vieil homme ne l'entend pas de cette oreille ; il est bien décidé à devenir le tuteur de ces enfants et le protecteur des terres de sa défunte fille, avant que Gilles ne soit en âge de les gérer lui-même.

En cette année 1415, Jean de Craon vit, lui aussi, des moments bien difficiles. Comme toutes les grandes familles du royaume, il laisse de nombreux frères et cousins sur le champ de bataille d'Azincourt. Lors de cet affrontement entre les armées anglaises et la chevalerie française, non loin de ce village d'Azincourt, dans l'actuel département du Pas-de-Calais, la désorganisation de notre armée a eu des résultats dramatiques. Ce 25 octobre 1415, le roi d'Angleterre Henri V et son allié le duc de Bourgogne Jean sans Peur font subir une écrasante défaite au roi de France Charles VI. Cette fois la guerre de Cent Ans bat son plein !

Cette année noire, au cours de laquelle tant d'événements dramatiques se précipitent, explique pourquoi Jean de Craon se bat bec et ongles pour obtenir la tutelle de Gilles de Rais et de son petit frère René.

Il était une fois... une princesse !

Étant parvenu à ses fins, Jean de Craon reprend en main l'éducation de son petit-fils. Le sire de Craon l'emmène au sommet d'une colline, lui montre l'horizon qui s'étend de toute part et lui déclare :

> *« Où que tu regardes, tu es ici chez toi, tout t'appartient... Fais un beau mariage et tu deviendras l'égal des plus puissants princes du royaume... »*

Toujours cette idée fixe : faire un beau mariage !

C'est sans doute la meilleure manière de sauver son avenir et sauvegarder ses biens comme Jeanne la Sage l'avait parfaitement compris. Ce ne sont pas deux individus qui se choisissent, mais deux familles qui unissent leurs destins et leurs possessions.

C'est encore une fois ce qui va se passer. Mais peut-être un peu différemment...

Tout commence alors que Gilles de Rais est âgé de 12 ou 13 ans. Jean de Craon choisit pour lui une certaine Jeanne Paynel. Comme elle est également orpheline de père, c'est son propre grand-père qui se charge de protéger ses intérêts. Après des discussions âpres, longues et difficiles entre les deux familles, ils parviennent à un accord et le contrat de mariage est signé.

Mais il est trop tôt pour se réjouir... De nombreux désaccords concernant des terres sous domination anglaise empêchent la concrétisation de ce mariage.

Qu'à cela ne tienne, Jean de Craon poursuit sa quête. Il trouve enfin la perle rare, la jeune Béatrix de la puissante famille des Rohan. Les discussions reprennent, les deux parties se mettent d'accord, un nouveau contrat est signé... Hélas, pour la seconde fois, l'engagement n'est pas honoré. Béatrix de Rohan meurt avant le mariage.

Comme le dit le vieil adage, qui se vérifie cette fois encore : jamais deux sans trois !

Pourtant avec une légère modification. Ce n'est plus Jean de Craon qui découvre la famille de la jeune fille et qui décide de tout ! Cette fois, c'est Gilles de Rais lui-même qui choisit sa bien-aimée.

L'heureuse élue se nomme Catherine de Thouars, elle a son âge – soit environ 16 ans – mais sa famille est peut-être un peu trop proche de la sienne... Ils ont des liens de parenté qui incitent généralement l'Église à refuser de telles unions. Gilles de Rais n'attend pas les réponses de ses contemporains : il enlève Catherine et l'épouse en 1420.

Cette Catherine de Thouars est une riche héritière de territoires situés aux confins du Poitou et de l'Anjou dont les imposants châteaux, comme celui de Pouzauges ou celui de Tiffauges, seraient sortis de terre grâce à la volonté d'une étonnante magicienne.

Il était une fois... une fée !

Parmi les personnages légendaires qui ont marqué l'histoire du grand ouest de la France, il est une fée décidément incontournable. Elle se nomme Mélusine, c'est notre magicienne !

Toute son histoire débute dans l'île d'Avalon, une île lointaine et féerique, quelque part entre l'Irlande, l'Écosse et la Bretagne. Mélusine et ses deux sœurs, Mélior et Palestine, vivent heureuses. Jusqu'au jour où elles décident de punir leur père qui a pourtant juré de ne jamais regarder sa femme donner le sein à ses enfants. S'étant parjuré, ce père maudit est enfermé par ses filles sur une île perdue. Folle de rage, son épouse Pressine décide de le venger et punit à son tour Mélusine, l'aînée de ses filles, qu'elle condamne à se transformer en serpent de la taille jusqu'aux pieds et ce tous les samedis de son existence.

Pour mener une vie à peu près normale, Mélusine doit fatalement épouser un homme qui accepte de ne pas la regarder ces jours-là. Pas facile, surtout le samedi, vous en conviendrez ! Et si par hasard, ce mari agit autrement et décide de la regarder, Mélusine disparaîtra à jamais, plongeant dans un tourment éternel.

C'est donc une Mélusine accablée qui quitte la maison familiale et part vers d'autres terres, errant dans les forêts et les marécages. Un beau jour, dans l'une de ces forêts, elle rencontre Raymondin, un beau chevalier venu chasser avec son oncle, le comte de Poitiers. Ces deux êtres se plaisent et Mélusine le demande en mariage à la condition expresse qu'il accepte de ne jamais la regarder le samedi soir. Moyennant quoi il deviendra le plus puissant seigneur de ce pays…

Raymondin, séduit, ne pose pas de question et accepte le mariage après avoir prêté serment. Bien décidée à faire le bonheur de son époux, Mélusine utilise ses pouvoirs pour construire, en trois jours et trois nuits, l'église et le château de Lusignan dont il ne reste aujourd'hui que quelques traces…

Devant tant de bienfaits, Raymondin vit heureux avec Mélusine qui lui a donné dix enfants, dix fils qui possèdent, tous, une marque surnaturelle et disgracieuse. Pendant ce temps, Mélusine bâtit pour son époux châteaux et forteresses.

Malheureusement, le bonheur ne semble pas total pour Raymondin. Son frère ne cesse de le tourmenter avec ces fameux samedis où il ne doit pas regarder sa tendre épouse. Que fait-elle ? Qui voit-elle ? Et pourquoi ne veut-elle pas être vue ?

Ces questions taraudent l'esprit de Raymondin. Alors, n'y pouvant plus, un samedi, il décide de percer un petit trou dans la porte de la chambre de Mélusine avec la pointe de son épée. Une cavité suffisante pour y glisser un regard. Et que voit-il derrière cette porte ?

Il aperçoit Mélusine qui se peigne les cheveux tout en se baignant dans un baquet et surtout il voit ce qu'il ne devait point voir : le corps de sa femme se terminant par une queue de serpent battant rageusement l'eau de son bain !

Se sentant observée, Mélusine hurle son mépris pour Raymondin. Poussant des cris affreux, elle s'envole, tourne trois fois autour du château et disparaît à jamais !

Grande bâtisseuse devant l'Éternel, cette fée a laissé des traces dans toute la région. La légende raconte que le château de Béceleuf, aujourd'hui dans les Deux-Sèvres, a été habité par Mélusine qui n'a pas hésité à venir s'y reposer durant ses longues escapades nocturnes…

Elle aurait fondé plusieurs châteaux, dont celui de Tiffauges, sur lesquels elle a jeté une malédiction :

« *Pouzauges, Tiffauges, Mervent… iront chaque an, je le jure, d'une pierre en périssant.* »

Pourtant avant que ce château ne dépérisse, il est devenu propriété de Gilles de Rais, une propriété où il va aimer se retirer bien après ses hauts faits d'armes…

Il était une fois… un chevalier !

Gilles de Rais, ce jeune homme que nous avons abandonné au moment de son mariage avec Catherine de Thouars en 1420, va devenir l'un des plus puissants chefs de guerre français.

Souvenons-nous que l'époque est difficile, la France vit des heures graves, il ne reste au Dauphin Charles, futur Charles VII, qu'un modeste territoire à défendre. Un territoire pris en tenaille par les Anglais à l'ouest et les Bourguignons à l'est.

Non seulement Charles n'a plus beaucoup de terres, mais, de surcroît, il ne possède aucune fortune pour lever des troupes. Il en appelle au sens patriotique des puissants seigneurs, mais surtout il en appelle à leur bon cœur.

Il cherche des amis, des puissants, des alliés qui puissent l'aider à bouter les Anglais hors du royaume ! Et parmi ces puissants figure un certain Jean de Craon, qui a déjà servi de médiateur entre le roi et le duc de Bretagne. Notre homme sait où se trouve son intérêt. Il répond à cet appel au secours lancé par le Dauphin de France et, pour monnayer son appui, obtient un commandement pour son petit-fils.

Gilles de Rais, qui sait lire le latin et le grec, sait aussi se battre vaillamment. Son grand-père le lui a appris. Cela fait partie de sa formation de jeune seigneur, de chevalier. Il sait tenir une arme et chevaucher de longues heures sans s'épuiser. Il le prouve en se battant à de nombreuses reprises, en participant à la guerre de succession du duché de Bretagne ou en affrontant les envahisseurs anglais, aux côtés des Angevins, pour défendre ses territoires familiaux. Mais cette fois c'est la France, l'honneur du futur roi qu'il faut défendre et, on le saura plus tard, c'est même la survie d'un pays qu'il faut assurer !

Voilà pourquoi aux alentours de 1427, Gilles de Rais, âgé d'environ 22 ans, apparaît souvent comme capitaine. Ayant mis son épée au service de la couronne, il obtient des commandements dans l'armée royale. Il a même levé cinq compagnies à ses frais.

À la Cour, son aisance et son succès font des jaloux. Mais la jalousie de ses contemporains cesse dès que l'on apprend ses exploits aux combats. Il est partout à la fois, dirige ses hommes et se trouve à leur tête aux moments décisifs.

Plusieurs années pendant lesquelles il se lie d'amitié avec d'autres capitaines prestigieux comme Beaumanoir, Boussac, Xaintrailles ou encore un certain La Hire qui va parvenir à tirer sa carte du jeu !

Il était une fois... un valet de cœur !

Ce La Hire, ce véritable héros, compagnon d'armes de Gilles de Rais, se nomme en réalité Étienne de Vignolles. Né à Préchacq, dans les Landes, vers l'an de grâce 1390, il est très vite repéré pour son adresse et son ardeur au combat, et accepte de mettre son épée et son savoir-faire aux ordres du roi Charles VI puis du futur Charles VII qui n'est encore que le « petit roi de Bourges »...

En 1418, il participe au siège de Coucy où il fait preuve d'une telle vaillance qu'il est rapidement surnommé « La Hire », c'est-à-dire « la colère ». Dès cet instant Étienne de Vignolles semble disparaître, car l'histoire ne retiendra que son surnom.

La Hire entre dans l'histoire par la grande porte car il se distingue dans toutes les batailles face aux Anglais. Il rencontre Jeanne d'Arc en avril 1429 et la salue à Chinon lorsqu'elle vient voir le futur Charles VII pour la première fois. Dès cette entrevue, dès qu'il l'a entendue, il croit en elle et n'hésite pas à s'écrier qu'il la suivra partout où elle ira. Et il va tenir sa promesse. Étienne de Vignolles, dit La Hire, sert de chevalier à Jeanne d'Arc et va se couvrir de gloire à ses côtés. Il faut dire que c'est un fier combattant, un méchant… Parfois, avant de se jeter dans une bataille, La Hire murmure cette prière en gascon :

> *« Sire Dieu, fais aujourd'hui pour La Hire ce que La Hire ferait pour toi, si tu étais capitaine et si La Hire était Dieu ! »*

La Hire a servi ses maîtres jusqu'à la fin de son existence. Il meurt à Montauban à l'âge de 53 ans. En apprenant sa disparition, Charles VII déclara :

> *« Je perds aujourd'hui le plus grand homme de guerre que j'ai jamais connu… »*

La Hire, ce symbole de la chevalerie, n'a pas été oublié, puisque son nom a été donné, au XVIIe siècle, au valet de cœur des cartes à jouer…

Il était une fois… un maréchal !

La Hire et Gilles de Rais chevauchent parfois ensemble, défendent le même étendard et ont la même rage de vaincre. Ils ne sont plus seuls, ces vaillants capitaines du Dauphin Charles, lorsque, en 1429, venue de Lorraine, Jeanne d'Arc se voit confier une armée pour aller lever le siège d'Orléans. Comme La Hire, immédiatement, Gilles de Rais croit en cette jeune femme, en son combat, en ses certitudes et il va l'accompagner. Il est d'ailleurs choisi par l'entourage de Charles pour chevaucher aux côtés de Jeanne dans sa lutte contre les Anglais.

Elle a 17 ans, il en a 24 et le sort de la France est entre leurs mains… Il a une admiration sans borne pour elle et elle l'estime beaucoup. Jeanne et Gilles volent de victoire en victoire et accompagnent ensemble Charles VII se faire sacrer à Reims.

Le roi de France a plusieurs fois salué les exploits guerriers de ce capitaine remarquable et a décidé, en Conseil, de lui offrir le titre de maréchal de France qui vient récompenser une volonté et un héroïsme sans faille. Le roi Charles VII le rappelle dans plusieurs lettres comme celle-ci, datée de 1429 :

« Charles par la grâce de Dieu roy de France.
Savoir faisons à tous présents et avenir que nous, ayant en mémoire les hauts et recommandables services que nous a faits et faits de jour en jour ou faits de nos guerres et autrement notre aimé et féal chevalier, conseiller et chambellan Gilles, sieur de Raiz, maréchal de France, et les grands périls et dangers, pour notre propre fait et querelle et pour la conservation de notre couronne et seigneurie, il a exposé maintes fois et moulte chevaleureusement sa personne en bien démontrant sa vaillance et bonne affection, comme… au lèvement du siège que tenait naguère devant la ville d'Orléans les Anglais, anciens ennemis de notre royaume… »

Gilles de Rais devient maréchal de France, il a près de 25 ans.

Après tous ces souvenirs, le texte royal se poursuit, offrant à Gilles de Rais et à ses descendants, comme à Jeanne d'Arc, la permission de faire figurer sur leurs armes des fleurs de lys, emblème royal par excellence.

Comme bien souvent, aux beaux jours succède la grisaille, à la joie succède la tristesse, aux victoires succèdent les défaites...

Quelques mois plus tard, Jeanne d'Arc est trahie et arrêtée, livrée aux Anglais qui vont la condamner comme hérétique.

Et personne ne bouge ? Personne ne vient la sauver des griffes de ses ennemis ? Personne ne va lever le petit doigt pour venir en aide à celle qui a redonné foi et courage au royaume tout entier ? Personne, pas même le roi Charles VII... Personne... Pas un homme...

Pourtant, dans l'ombre, avec leurs troupes et leur courage, deux capitaines vont tenter l'impossible, l'irréalisable, libérer Jeanne de ses geôliers. Pas de surprise, ces deux hommes ne sont autres que La Hire et Gilles de Rais. On le sait bien, l'un comme l'autre ne sont pas parvenus à leur fin, mais l'un comme l'autre ont été au bout de leur engagement, au bout de leur fidélité.

Si l'un est resté valet de cœur, l'autre va plonger dans l'horreur !

Il était une fois... un monstre !

Comme beaucoup de ses contemporains, Gilles de Rais est littéralement rendu à la vie civile. Il quitte les armées du roi, les champs de bataille et retourne vivre sur ses terres de l'Ouest de la France. Il se retire en ses châteaux de Machecoul, de Pouzauges et de Tiffauges. Riche et encore très jeune, il a de quoi s'occuper. D'autant que son grand-père, Jean de Craon, disparaît en 1431, lui laissant un héritage important. Gilles de Rais est alors un puissant seigneur, renommé et riche ; il appartient à l'élite du royaume.

Mais le seigneur vit grand train et dilapide un patrimoine qu'il ne sait pas et ne veut plus gérer. L'homme de guerre, le maréchal de France, ne répond plus aux appels lancés par le roi. L'inactivité entraîne petit à petit cet homme actif depuis des années vers un abîme sans fond ; il va basculer dans l'horreur !

Véritablement ruiné, Gilles de Rais se voit interdit de vendre ses biens à quiconque. Il faut dire que sa famille, ses cousins, se sont plaints auprès de Charles VII, affirmant que, depuis des mois, Gilles ne cesse de vendre ses châteaux, ses terres, ses seigneuries. Il dilapide sa fortune mais aussi celle de ses descendants – il a une fille prénommée Marie – et de sa famille toute entière.

Mais qu'a-t-il fait de toute sa fortune ?

Après avoir entretenu à grands frais des armées entières, il peine à remettre de l'ordre dans ses affaires. La guerre a entamé sérieusement sa fortune, d'autant plus que certaines de ses terres ont été ravagées par les combats. Ses domaines sont dispersés et divisés, ce qui rend leur gestion encore plus complexe. Malgré cela, Gilles de Rais continue à mener grand train, à entretenir des armées de serviteurs dans les quelques châteaux qui lui appartiennent encore ; il se passionne pour le théâtre, pour le chant et les chœurs et, pis encore, pour l'alchimie !

Fasciné par le secret de la pierre philosophale, de la transmutation qui permettrait de faire de l'or avec du simple métal, Gilles de Rais se tourne en effet vers les sciences occultes et les études ésotériques, notamment à la suite de sa rencontre avec un certain Francesco Prelati, inquiétant alchimiste, prêtre défroqué venu de Florence, dont la personnalité fascine Gilles de Rais. Prelati avait la réputation de faire apparaître des démons sur lesquels il avait un certain pouvoir… Pour pallier sa ruine, Gilles de Rais était prêt à tout, même à évoquer des démons et à leur demander de l'or. Prelati était lui aussi prêt à tout, notamment à abuser de la naïve confiance de son nouveau maître : il affirme avoir procédé à trois évocations d'un démon en présence de Gilles de Rais. Les évocations auraient eu lieu au début de l'été 1438, Gilles de Rais signant des pactes démoniaques et entrant dès lors dans le satanisme. Cependant, malgré tous ces crimes et sacrifices, le démon n'apparut jamais à Gilles de Rais, mais seulement à Prelati…

Gilles de Rais commence à perdre de sa puissance et de son pouvoir. Le transfert de ses terres, vendues ou reprises par d'autres seigneurs auxquels il doit de l'argent, l'appauvrit. Il est surtout attaqué par le duc de Bretagne, son puissant voisin, qui attend, depuis quelques années, le moment propice pour mettre fin au véritable petit royaume de Gilles de Rais.

Pendant ce temps, dans la région, les bruits courent et se multiplient sur la disparition de nombreux enfants : depuis environ huit ans, des enfants disparaissent en effet entre Nantes et le Poitou, là où sont situés les terres et les châteaux du sire de Rais. On parle de loups, de bandes de malfrats ou de routiers sans foi ni loi. Pourtant, précision troublante, ces petits disparus ont généralement entre 7 et 12 ans et sont le plus souvent des garçons…

Pensez donc, il est inimaginable de soupçonner un homme comme Gilles de Rais. Ce grand seigneur, ce maréchal de France qui a combattu aux côtés de Jeanne d'Arc, qui est allé à Reims accompagner le roi pour son sacre… cet homme ne peut être mêlé à cette affaire !

Et pourtant, tout porte à croire que celui qui fut un temps maréchal de France devient un meurtrier, un tueur. S'adonnant à la magie noire, il en vient à sacrifier au démon de jeunes enfants et des adolescents sur lesquels il commet d'épouvantables sévices.

L'étau se resserre autour de cet homme jalousé et maudit. Quand il apprend que l'évêque de Nantes lui envoie des enquêteurs pour tenter de comprendre ce qui se passe sur ses terres, ces nombreuses disparitions que de modestes parents n'hésitent plus à signaler, Gilles de Rais commence à paniquer.

Il ne lui reste que quelques jours de liberté : le 15 septembre 1440 il est arrêté en son château de Machecoul par le capitaine d'armes Jean Labbé, et emmené à Nantes où il va être jugé.

Il était une fois… un odieux barbe-bleue !

Gilles de Rais est alors enfermé dans le château ducal de Nantes : c'est là que vont se dérouler à la fois l'enquête, les interrogatoires et les procès. L'ancien compagnon de Jeanne d'Arc tombe en effet sous le coup de deux juridictions différentes : une civile et une ecclésiastique. Les deux procès vont se dérouler successivement, les verdicts étant tous deux rendus le même jour. Le procès civil est du ressort du parlement de Bretagne qui le juge pour le crime de félonie (refus d'obtempérer, mauvais traitements infligés aux officiers du suzerain) et surtout pour les crimes de sang, les enlèvements et assassinats d'enfants, la peine étant la mort. Le procès ecclésiastique est le fait de la cour épiscopale, dirigée par Jean de Malestroit, évêque de Nantes. Les chefs d'accusation sont nombreux : hérésie, sorcellerie, apostasie de la foi, idolâtrie, divination, superstition. Là encore, on accuse surtout Gilles de Rais d'avoir violé et assassiné plusieurs dizaines d'enfants et d'adolescents. L'acte d'accusation est précis, certains de ses familiers et de ses commensaux affirment que «*...des enfants avaient été inhumainement égorgés, tués et ensuite démembrés et brûlés, et par ailleurs tourmentés honteusement; que ledit Gilles de Rais, accusé, avait immolé les corps de ces enfants aux démons de manière damnable...* » Sa folie meurtrière aurait commencé en 1432, année de la mort de son aïeul Jean de Craon. À la tête d'une bande d'assassins, Gilles aurait perpétré tous ces crimes pour son seul plaisir, se délectant de l'agonie de ses victimes, se livrant à la pédophilie et à la nécrophilie. Ses deux principaux comparses se nomment Poitou et Henriet Griard. Ils déclarent lors du procès avoir livré chacun une quarantaine d'enfants pour assouvir les passions morbides de leur maître.

Parmi ses petites victimes, on compte bien sûr des enfants disparus et réclamés par leurs parents. Lors du procès, les parents éplorés insistent sur la beauté de ces enfants. Ils racontent aussi qu'ils ont vu des serviteurs du maréchal de France parler aux enfants peu avant leur disparition. Mais ces enfants réclamés par leurs parents ne constituent, semble-t-il, qu'une faible partie des jeunes gens ayant servi aux plaisirs pervers de Gilles de Rais. En effet à cette époque, les enfants abandonnés errant sur les routes sont nombreux et nul ne sait combien se sont aventurés aux portes de Tiffauges ou de Champtocé, au péril de leur vie.

Devant la cour, l'accusé nie toute participation à de tels crimes. Il accepte de reconnaître avoir pratiqué l'alchimie, mais refuse d'avouer avoir invoqué le diable. Les témoins défilent et affirment le contraire.

Le tribunal ecclésiastique doit obtenir ses aveux et lui demande de jurer sur le livre saint. Ce jour-là, Gilles de Rais refuse d'obéir, et le tribunal prononce son excommunication.

Une telle décision va faire basculer l'accusé. Gilles de Rais ne supporte pas d'être exclu de l'Église, lui qui a fait bâtir des lieux de culte, lui qui a été élevé chrétiennement, et réclame la levée de cette excommunication.

Revenant devant ses juges quelques jours plus tard, Gilles de Rais, le diabolique Gilles de Rais, avoue sa culpabilité pour tous les crimes qui lui sont reprochés. Des crimes affreux, épouvantables, indicibles, des crimes qui méritent une sentence définitive. Le 25 octobre 1440, dans une chapelle désaffectée du palais ducal de Nantes, le tribunal rend son verdict: Gilles de Rais est condamné à être pendu puis brûlé. La sentence doit être exécutée le lendemain matin.

Ce 26 octobre, Gilles de Rais, âgé de 35 ans, et ses deux sinistres compagnons sont emmenés vers le bûcher qui se dresse sur les bords de Loire. Gilles de Rais est pendu le premier puis les trois corps sont placés sur le bûcher.

Tandis que ceux de ses comparses vont entièrement se consumer, celui de l'horrible Gilles de Rais est retiré des flammes, à la demande de sa famille, et placé dans un cercueil puis enterré au couvent de Notre-Dame du Carmel de Nantes, d'où il ne sera délogé qu'à la Révolution.

Gilles de Rais, coupable ?

Pour l'opinion du temps, Gilles de Rais est, sans doute possible, coupable. Pourtant, depuis le début du siècle dernier, certains historiens ont tendance à penser que le maréchal de France a été victime d'une machination. Loin d'être un meurtrier en série ou un pédophile, l'ancien allié de Jeanne d'Arc aurait, selon ces historiens, le défaut d'être un rebelle. En effet, si l'on replace les éléments dans le contexte de l'époque, on se rend compte que certaines personnes avaient intérêt à se débarrasser de Gilles de Rais. Ainsi le duc de Bretagne, qui tente d'organiser son duché en un État souverain, avait tout intérêt à récupérer les terres de Gilles de Rais, grand propriétaire terrien. De même, le maréchal de France s'était distingué par le manque de respect avec lequel il traitait les membres de l'Église. Or, quelle meilleure accusation que celle de monstruosité pour obtenir une condamnation définitive du fauteur de trouble ? Alors Gilles de Rais est-il coupable ?

En dépit d'une tentative pour obtenir une révision de son procès en 1992, Gilles de Rais n'a jamais été réhabilité. Pis, dans la mémoire collective, le maréchal de France se confond avec… Barbe-Bleue. En effet, la légende de Barbe-Bleue, qui donnera lieu au fameux conte de Perrault, est bel et bien inspirée de la vie de Gilles de Rais. On sait d'ailleurs que cette légende est d'origine bretonne et plus particulièrement nantaise. À une différence près : dans le conte de Perrault, Barbe-Bleue ne tue pas des enfants, mais des femmes !

Bibliographie

BATAILLE, Georges, *Le procès de Gilles de Rais*, Paris, Soc. nouvelle des éditions Pauvert, 1985.

BORDONOVE, Georges, *Gilles de Rais*, Paris, Pygmalion, 2001.

CAZACU, Matei, *Gilles de Rais*, Paris, Tallandier, 2005.

HEERS, Jacques, *Gilles de Rais*, Paris, Perrin, 2005.

HÉRUBEL, Michel, *Gilles de Rais et le déclin du Moyen-Âge*, Paris, Perrin, 1982.

TOURNIER, Michel, *Gilles et Jeanne*, Paris, Gallimard, 1985.

Chapitre 3

Agnès Sorel, la beauté assassinée ?

« Une certaine Agnès, dite la Belle Agnès, d'origine noble, vint à la cour du roi… Comme elle était de beauté extraordinaire, le roi se prit à l'aimer. En peu de temps, il tomba si amoureux fou qu'il ne pouvait plus demeurer même une heure sans elle. Soit à table, soit au Conseil, soit dans sa chambre, il l'admettait toujours à ses côtés… »

Ainsi s'exprime, par la plume, un certain Piccolomini, le futur pape Pie II, secrétaire du légat pontifical en France à l'époque où le roi Charles VII est en train de perdre la tête pour l'une des plus jolies femmes du royaume : Agnès Sorel…

Toute cette histoire pourrait là encore débuter par le fameux « il était une fois… », car tous les ingrédients du conte de fées sont réunis : un prince charmant, une jolie jeune fille dont le cœur est à prendre, une histoire d'amour et un beau maria… Stop !

Je suis obligé d'arrêter là la comparaison. En effet, quelques précisions s'imposent : tout d'abord, le prince charmant est en réalité un roi et il n'est pas franchement charmant : ni spécialement beau, plus tout jeune, Charles VII est plus charmeur que charmant.

En revanche, la jolie jeune fille, elle, est une réalité ; quant à l'histoire d'amour qui les unit, elle est aussi bien réelle. Hélas ! elle a été de courte durée et contrairement aux fameux contes de fées de notre enfance, cette histoire galante ne s'est pas terminée par une noce mais par la mort. Une mort étrange, une mort foudroyante, une mort suspecte, une mort que l'histoire et la science tentent ensemble d'élucider.

Mais commençons par le commencement.

Acte I : L'état des lieux

Il était une fois un joli bébé prénommé Agnès, né aux alentours de 1422 en Picardie. Issue d'une famille de la petite noblesse, Agnès Sorel est la fille de Jean Sorel, seigneur de Coudun, et de Catherine de Maignelay. Depuis quelques années déjà, ces deux familles ont donné de fidèles serviteurs aux maisons de Bourbon et d'Anjou, et même au roi Charles VI qui a pu compter sur ces fiers soldats.

La position de la famille Sorel sur l'échiquier compliqué des alliances, des ententes et des soutiens, est modeste mais utile. En cette période troublée de la guerre de Cent Ans, chaque geste, chaque effort est reconnu et apprécié.

Cette guerre de Cent Ans a débuté en 1337, lorsque le roi d'Angleterre Édouard III réclame la couronne de France. En tant que fils d'Isabelle de France et donc petit-fils de Philippe le Bel, il se prétend successeur au trône de France.

Édouard III pose la question en ces termes: si les femmes ne peuvent régner sur la France, n'ont-elles pas la possibilité de transmettre ce pouvoir à leur fils ?

La réponse des juristes français est sans appel: comment voulez-vous que les femmes transmettent un droit qu'elles ne possèdent pas ? La requête d'Édouard III devient ainsi nulle et non avenue... enfin le croit-on à Paris. Car, de l'autre côté de la Manche, l'affaire ne va pas s'arrêter là. Avec la destruction de la flotte française dans le port de l'Écluse en juin 1340, débute une longue série d'affrontements, de batailles, de tueries... connue sous le nom de guerre de Cent Ans.

Ce terrible conflit opposant Français et Anglais a duré plus d'un siècle, de 1337 à 1453, une interminable période heureusement entrecoupée de trêves et de moments de paix.

Quand Agnès Sorel voit le jour en 1422, la France et l'Angleterre s'affrontent déjà depuis près d'un demi-siècle. Mais l'événement majeur de notre histoire qui marque cette année-là est sans conteste la disparition du roi Charles VI.

Âgé de cinquante-trois ans ce roi fou, surnommé le Fol, laisse un royaume exsangue. Il a basculé dans la folie trente ans plus tôt, alors qu'il se rendait avec sa suite à Angers.

Traversant une forêt, le roi est subitement interpellé et arrêté dans sa course par un pauvre diable sorti des bois qui se jette sur les rênes de sa royale monture et lui lance : *« Roi, ne chevauche plus avant, mais retourne, car tu es trahi ! »*

Interloqué, le roi reprend la route, mais semble ébranlé par ce qu'il vient d'entendre. Quelque temps plus tard il est surpris et saisi de peur en entendant une lance tomber sur le casque d'acier de l'un de ses pages.

Affolé par le bruit, croyant en la trahison annoncée, Charles VI entre dans une colère terrible, sort son épée et se met à hurler : *« Avant, avant sur ces traîtres ! »* Il fonce sur sa troupe, tuant et blessant quelques personnes de sa suite avant d'être maîtrisé.

Le diagnostic des médecins est lourd de conséquences : le roi de France est devenu fou. Désormais, le règne de Charles VI est une succession de moments de lucidité et d'instants d'égarement. Vers la fin de son règne, il n'hésite pas à annoncer que son fils Charles, qui doit lui succéder, est un bâtard et il fait de son gendre, le roi d'Angleterre Henri V, son héritier.

Une fois encore, le feu est ranimé entre les couronnes de France et d'Angleterre.

Heureusement pour nos deux pays, Henri V meurt avant Charles VI. C'est donc le dauphin Charles qui reçoit ce qu'on peut appeler un véritable cadeau empoisonné : le royaume de France. Ou ce qu'il en reste... Nous sommes alors en 1422.

À la mort de son père, le dauphin Charles, futur Charles VII, devient le « petit roi de Bourges ». Coincé, asphyxié par ses ennemis anglais et bourguignons, son autorité n'est plus reconnue qu'au sud de la Loire. Poussé notamment par Jeanne d'Arc qui l'emmène se faire sacrer à Reims en 1429, il va peu à peu reconquérir son royaume.

Acte II : La rencontre

Avant que le hasard ou la destinée ne permette leur rencontre, le roi et la belle Agnès vivent à des lieues l'un de l'autre, dans des mondes complètement différents.

Durant les deux décennies qui les séparent encore, Charles vit d'abord chichement, harcelé de toute part, craintif. Jeanne d'Arc lui donne confiance et jour après jour, le « petit roi de Bourges » devient Charles VII le Victorieux...

De son côté, la jeune Agnès Sorel est placée, grâce aux appuis de sa famille, auprès d'Isabelle de Lorraine, dont elle devient l'une des suivantes. Isabelle de Lorraine est l'épouse de René d'Anjou. À la suite de nombreux héritages, ce fastueux prince est devenu duc de Lorraine, duc d'Anjou, comte de Provence et surtout roi de Naples et de Sicile. Le « bon roi René », – tel est son surnom –, ne parvient pas à conserver tous ses biens. En 1442, il perd son éphémère royaume et rentre en Provence.

Personnage fascinant, attachant, haut en couleur, René d'Anjou est très proche de Charles VII. D'abord parce qu'il est le frère de la reine Marie d'Anjou que Charles VII a épousée en 1422, mais aussi parce que les deux beaux-frères s'entendent très bien.

Voilà pourquoi ils se retrouvent avec plaisir en la bonne ville de Toulouse, au mois de février 1443. Accompagné par son épouse, la reine Marie d'Anjou, Charles VII, qui rentre de Guyenne, vient à la rencontre de René d'Anjou et de son épouse Isabelle de Lorraine, qui arrivent alors de Provence avec leurs suites imposantes.

Les festivités données en l'honneur de ces hôtes prestigieux sont éblouissantes. Parmi les nombreuses suivantes d'Isabelle de Lorraine se trouve une jeune fille au visage doux et rond, éclairé par des yeux rieurs, à la bouche minuscule et à la gorge voluptueuse... Vous l'avez deviné, il s'agit d'Agnès Sorel.

À son arrivée à Toulouse, la protégée de celle qui fut reine de Naples et de Sicile ne se doute pas que sa vie va être bouleversée. Charles VII, qui a tout juste quarante ans, n'a d'yeux que pour elle. Cet homme d'ordinaire si triste, cet époux d'habitude si renfermé, ce roi en général si discret... vient de rencontrer l'Amour !

Charles VII est attiré par la douce figure d'Agnès alors que sa belle-sœur Isabelle de Lorraine lui présente ses suivantes :

« C'est alors qu'il aperçoit, venant vers lui, blonde ainsi qu'une gerbe, flexible à la manière d'un épi, se détachant par son éclat du groupe de ses compagnes, une suivante qui ne lui a pas été présentée. Un visage clair, lisse, avec des pommettes rondes comme un reste d'enfance, de longs yeux pers où brillent les étincelles du rire, une bouche tendre et belle, une gorge hardie, une taille de guêpe, un sourire qui tremble...

– Sire, permettez-moi de vous présenter la plus jeune de mes filles : Agnès Sorel.
La main du roi enserre le bras du haut fauteuil. D'instinct il se penche vers celle qui s'incline en une souple révérence.
– Plus que belle, dit-il dans un souffle. La plus belle du monde.
(…) À cet instant, Charles VII, qui est resté comme ébloui, secoue le front et s'adresse à elle :
– Sorel, dites-vous ma mie ?
– Agnès Sorel, sire. C'est une fille de petite noblesse picarde…
– (…) Tout cela est parfait, reprend le roi en se levant. Vos filles sont décidément triées sur le volet, Isabelle. Je reconnais bien là ce goût infaillible dont la réputation est venue jusqu'à nous.
– Vous me comblez, sire.
– C'est vous qui me comblez, ma mie.[1] »

Ces quelques lignes du roman de Jeanne Bourin font bien revivre le véritable trouble dans lequel chavire le roi en voyant la belle Agnès. Ce fut sans nul doute un coup de tonnerre dans ce corps meurtri par la vie, dans ce cœur qui semblait se dessécher. Bref, c'est un coup de foudre !

De son côté, Agnès Sorel est tout aussi troublée. Imaginer que le roi de France en personne s'intéresse à sa modeste figure lui paraît impensable.

Et pourtant les faits sont là et les preuves vont se multiplier.

Acte III : Le pouvoir du cœur

Cet amour entre le roi et une modeste suivante va s'étaler au grand jour. Charles VII ne cache pas ses sentiments et, comble

1. Jeanne Bourin, *La Dame de Beauté*, roman, Paris, La Table ronde, 1970

d'ironie, place Agnès Sorel auprès de la reine Marie d'Anjou, cette épouse loyale qui lui donna onze enfants.

C'est donc très officiellement que Charles VII fait de la jeune femme sa maîtresse, puis sa favorite. Une situation qui n'a encore jamais existé à la cour de France, une première dans notre histoire royale. Agnès ouvre ainsi la voie à d'autres célèbres maîtresses royales officielles : Diane de Poitiers, favorite d'Henri II, Gabrielle d'Estrées, la maîtresse attitrée d'Henri IV, ou encore la Pompadour de Louis XV...

Mais Charles ne se contente pas d'aimer la jeune femme, alors âgée de vingt-deux ans. Il scandalise une grande partie de son entourage en lui offrant un château et sa seigneurie. Et pas n'importe lequel, puisqu'il s'agit du château de Beauté-sur-Marne, près du bois de Vincennes, à quelques lieues de Paris. Un château qui serait situé de nos jours sur la commune de Nogent-sur-Marne.

Cette demeure a été construite par Charles V, le grand-père du roi, et il l'a baptisée lui-même « Beauté » en raison du paysage superbe qui s'offre au regard de ses habitants. Malheureusement ce manoir, rasé par Louis XIII en 1622, a aujourd'hui disparu.

Ce berceau de la famille des Valois est considéré, vers le milieu du XVe siècle comme « *le plus bel et jolis, et le mieulx assis qui fut en toute l'Isle de France* ». C'est dire si le cadeau est royal ! « Dame de Beauté », Agnès Sorel l'est à double titre, et l'histoire s'en souviendra.

Mais ce n'est pas tout. Agnès va également recevoir plusieurs places fortes comme celle de Roquecezières, en Rouergue, ou bien encore Vernon et Issoudun. Les solides revenus qu'elle en retire lui permettent de faire le bien autour d'elle mais aussi d'acheter quelques amitiés très utiles.

Formée à la cour d'Isabelle de Lorraine, en Italie et en Provence, Agnès Sorel évolue parfaitement au sein de ce cercle royal, où les coups bas sont quotidiens et où il faut savoir tout autant se protéger qu'attaquer avec discrétion et efficacité.

Sa rapide ascension dans le cœur du roi lui attire de précieuses amitiés, notamment parmi les proches du souverain, comme Pierre de Brézé, un personnage magnifique, l'un de ces nobles chevaliers auxquels tout réussit. Le plus beau, le plus fort en combat singulier ou à la guerre, d'une grande intelligence, il est devenu grand sénéchal d'Anjou, de Poitou et de Normandie ; de plus, il siège au Conseil du roi. Toutes les dames de la cour succombent à son charme, il est le héros par excellence. On peut facilement imaginer comment Agnès et lui ont trouvé un terrain d'entente où assouvir leurs appétits de pouvoir. Ils sont de la même race, de la même trempe !

Autre personnage important : Jacques Cœur, l'ami financier. Vous connaissez sans doute sa devise devenue célèbre : *« À vaillant Cœur, rien d'impossible ! »* et il faut avouer que cette maxime lui convient parfaitement. C'est en s'appuyant sur ses finances qu'Agnès Sorel inspirera à son amant la reconquête du royaume.

Jacques Cœur est né à Bourges à la fin du XIVe siècle, ce qui le rapproche de Charles VII. Devenu un implacable commerçant, il ouvre des comptoirs partout en France, en Europe et en Orient. Il est nommé argentier du roi en 1439. Anobli, il entre au Conseil.

Sa position de drapier, de teinturier, de banquier, d'intendant des domaines royaux et de conseiller pour les affaires monétaires et fiscales, lui permet de bâtir un véritable empire.

L'une de ses premières et plus fidèles clientes est Agnès Sorel. Elle aime tant les fourrures, les pierres précieuses et les épices venant du vaste monde…

Sous l'influence d'Agnès entourée par ces amis, la cour de France gagne en raffinement, elle goûte au luxe et aux nouveautés artistiques venues d'Italie. Le cérémonial se développe, permettant au roi Charles VII de mieux manifester son autorité renaissante. Alors que le royaume sort peu à peu de la guerre de Cent Ans, Agnès Sorel et son royal amant donnent à la cour un visage nouveau, qui annonce celui de la Renaissance. Première favorite royale, Agnès Sorel inaugure une longue lignée d'amours illégitimes, mais aussi une longue tradition de mécénat. Ses contemporains puis les historiens ont aussi rendu hommage à l'heureuse influence qu'elle eut sur le plan politique. Grâce à elle, le roi reprit confiance en lui et s'affirma davantage. Elle plaça près de lui des hommes de bon conseil qui l'aidèrent à reconstruire le royaume.

Même si elle a été sans doute amplifiée par la légende, l'influence politique d'Agnès Sorel fut considérable. Avant de la rencontrer, Charles VII passait pour un monarque timoré plus attiré par les tournois et les bals que par la politique. Alors que Jeanne d'Arc sauvait l'honneur de son royaume, c'est à la Dame de Beauté qu'il doit l'impulsion et l'énergie qui lui permettront de justifier son surnom : Charles le Victorieux. Sans elle, il n'aurait probablement pas été le roi libérateur du royaume.

Pourtant, tout le monde ne se réjouit pas franchement de la présence d'Agnès Sorel si près du roi. À la cour, la jeune femme choque. Elle arbore des queues de robe qui ont parfois huit mètres de long et innove en imposant la mode du décolleté audacieux. Juvénal des Ursins, archevêque de Reims, s'étrangle d'indignation devant ses toilettes « *avec des ouvertures de par-devant par lesquelles on voit les tétons, tettes et seins* ».

Le dauphin Louis, le futur Louis XI qui attend son tour avec impatience, est de ceux qui l'observent d'un regard noir.

Il piétine, monte de mauvais coups, veut sa part du pouvoir et ne tient pas en grande estime la maîtresse de son père. Depuis l'adolescence, le futur roi Louis XI méprise son père et ne cessera de comploter contre lui. Avide de pouvoir, il est furieux de voir la favorite imposer ses conseillers au roi. Ne supportant plus de voir sa mère Marie d'Anjou humiliée au vu et au su de tout le monde, le dauphin poursuit même un jour la favorite de son père avec son épée jusqu'à son dernier refuge : le lit de Charles VII !

Durant ses sept années de présence auprès du roi, Agnès Sorel vécut dans une ambiance difficile, souvent conflictuelle. Sept années seulement avant que la mort ne vienne l'emporter vers d'autres cieux.

Acte IV : La mort si jeune

Sept ans, c'est bien court. C'est pourtant le délai qui sépare le début de cette histoire de sa fin. Pour en connaître l'épilogue, il faudra attendre encore longtemps, c'est ce que nous allons découvrir.

Pour comprendre ce qui s'est passé, revenons quelques mois en arrière, au premier trimestre de 1449, lorsque la place de Fougères, en Bretagne, est prise par les Anglais. Ils viennent de rompre une trêve de plusieurs années. Immédiatement, l'entourage du roi Charles réclame vengeance : il faut intervenir et vite. Tout le monde le pense, mais le roi reste hésitant. Cédant finalement à l'insistance de ses proches et d'Agnès Sorel, Charles VII accepte de conduire le combat. Au mois d'août 1449, il quitte les bords de la Loire, direction la Normandie et la Bretagne où il va rejoindre l'ennemi de toujours !

La lutte est difficile, les combats sont rudes, mais la victoire est française. Charles VII et ses principaux chefs de guerre chassent les Anglais qui doivent abandonner Caudebec, Honfleur, Tancarville, Harfleur, Caen et Rouen où Charles VII entre triomphalement le 10 novembre 1449.

Quelques semaines plus tard, au début de l'année 1450, le roi décide de se « *rafraîchir un temps* » en l'abbaye de Jumièges, non loin de Rouen... Prenant un repos sans doute bien mérité, Charles VII apprend avec surprise que sa maîtresse, Agnès Sorel, vient d'arriver.

Si la Dame de Beauté n'a pas suivi son royal amant sur les routes de la guerre au mois d'août précédent, c'est qu'elle est enceinte.

C'est la quatrième fois que le roi attend un enfant d'Agnès. Trois filles sont déjà nées de leurs amours. L'aînée, Marie, née en 1444 ; la cadette, Charlotte, qui épousera Jacques de Brézé, le fils du grand sénéchal d'Anjou, de Poitou et de Normandie et dont une lointaine descendante sera la mère de Louis XV ; et enfin Jeanne qui épousera Antoine de Bueil, le fils d'un compagnon d'armes du roi Charles.

Cette fois, Agnès n'a pas été raisonnable de faire toute cette route depuis Loches sur les bords de la Loire, en plein hiver et enceinte de plusieurs mois. Mais elle veut expliquer son attitude, elle raconte qu'elle est venue pour sauver le roi d'un complot... Une excuse qui n'est pas nécessaire aux yeux de Charles qui lui pardonne immédiatement son coup de folie.

Jeanne Bourin, dans son roman *La Dame de Beauté*, nous fait revivre cette scène :

« Ma mie, que vous êtes pâle !

Le roi vient d'entrer. Il s'élance vers sa maîtresse qui, au son de sa voix, s'est brusquement redressée.

– Sire ! Il fallait que je vous voie !
Par un souci des convenances dont, en public, Charles VII ne s'est jamais départi, les deux amants ne s'étreignent pas. Le souverain s'empare simplement des mains d'Agnès et les baise dévotement.
– Je ne sais ce que vous avez à me dire, ma douce, mais c'est folie d'être venue de si loin, par un tel froid !
– Cher sire, ne me grondez pas ! Ce sont choses d'importance que j'ai à vous confier… »

Et un peu plus tard Agnès ajoute :

« Mon doux sire, on en veut à votre gloire : il est question de vous livrer aux Anglais ! On en veut à votre vie, s'il le fallait, on ne reculerait pas devant un meurtre !
– N'est-ce que cela ?
Le roi a bien changé. Où est sa prudence légendaire ? Il part d'un rire heureux, tendrement moqueur.
– Vous avez fait tout ce chemin pour de telles billevesées, ma mie ! C'est là de votre part une bien grande preuve d'innocence… et d'amour, ajoute-t-il plus bas… »

Le roi demande à ce que la future maman soit installée avec plus de confort qu'en cette abbaye bénédictine. En accord avec le père abbé de Jumièges, Agnès est conduite à environ une lieue de là, au manoir du Mesnil qui appartient aux moines. Elle y est mieux logée et le roi va pouvoir venir la voir quand bon lui semble.

Malheureusement le long et périlleux voyage entrepris par Dame Agnès va lui être fatal. Le mal est fait et il ne lui faut pas longtemps pour le comprendre. Quelques jours après son arrivée, elle ressent les premières douleurs de l'enfantement.

Alertés, médecins, sages-femmes, suivantes et dames de compagnie s'affolent. Mais il est bien trop tôt, pense-t-on, le terme est prévu pour dans un mois… Rien ne sert de calculer ou de se lamenter, il faut agir vite. Les ordres fusent, chacun se met en place et, après plusieurs heures d'efforts, Agnès Sorel met au monde sa quatrième petite fille.

On se préoccupe de la santé de cette enfant mais aussi et surtout de celle d'Agnès qui semble bien faible. Elle est prise d'un « flux au ventre », un mal qui ronge notamment les jeunes accouchées et que les décoctions, tisanes et autres frictions ne parviennent pas à soigner.

Le roi vient la voir à plusieurs reprises, mais il ne peut rester à ses côtés pour la veiller, les affaires militaires le retiennent sur le terrain.

De plus en plus affaiblie, Agnès songe toutefois à dicter ses dernières volontés. Elle choisit ses exécuteurs testamentaires, des hommes en qui elle a confiance, comme son ami Jacques Cœur et le puissant ministre Étienne Chevalier. Elle exige, qu'avec sa fortune, on fasse des dons à des personnes précises de son entourage, mais aussi à des œuvres de charité, à des hôpitaux et des couvents.

Puis, sentant ses forces l'abandonner, Agnès Sorel reçoit les derniers sacrements et prie ardemment pour son salut…

En ce mois de février 1450, une toute petite fille et sa jeune maman s'envolent ensemble vers les espaces célestes. Agnès Sorel a vingt-huit ans, elle vient d'entrer dans l'histoire.

Acte V : La belle empoisonnée ?

Comment ? Agnès Sorel est morte ? Mais c'est impensable, inimaginable, une femme aussi jeune, dans la force de l'âge, elle qui n'a pas trente ans ! Qu'est-il arrivé exactement ?

Les questions sont nombreuses, elles jaillissent de tous côtés. À la cour ou dans les campagnes un mot revient souvent. D'abord il se susurre, puis se murmure et devient vite assourdissant: « empoisonnement ».

Il n'est pas difficile de comprendre qu'Agnès Sorel, soutenue par les uns et honnie par les autres, s'est fait bien des ennemis. Elle, qui a permis au parti angevin de garder une présence et un certain pouvoir auprès du roi, s'est attirée bien des inimitiés, notamment parmi les alliés du dauphin qui la trouvent encombrante.

Mais laissons quelques instants ces bruits qui commencent à courir dès l'annonce du décès de la belle Agnès, pour suivre justement le corps de la maîtresse royale.

Les décisions de Charles VII sont prises rapidement et ne méritent aucune discussion. Le corps d'Agnès Sorel sera enseveli en l'église Notre-Dame de Loches, tandis que son cœur restera à Jumièges. Deux lieux emblématiques de la vie de sa bien-aimée, puisqu'elle vécut dans la cité et mourut non loin de l'abbaye.

Dans les deux cas, de magnifiques tombeaux sont sculptés. De véritables mausolées, qui doivent à la fois conserver le souvenir d'Agnès et raconter une part de son existence.

De nos jours, seul le monument funéraire de Loches est conservé, malgré bien des vicissitudes, comme nous allons le découvrir. Quant à celui qui avait été érigé en l'abbaye de Jumièges, tout en marbre, il a été détruit pendant les guerres de Religion. Agnès Sorel était représentée tenant dans ses mains son cœur qu'elle offrait à la Vierge. Le visiteur ou le pèlerin pouvait lire ces quelques lignes:

> « *Ci-gît noble demoiselle Agnès Seurelle, en son vivant dame de Beauté, de Roquecezières, d'Issoudun et de Vernon-sur-Seine,*

piteuse entre tous les gens et qui largement aumônait de ses biens aux églises et pauvres, laquelle trépassa le neuvième jour de février de l'an de grâce... »

Le corps d'Agnès Sorel a été transporté jusqu'à Loches sous la bonne garde d'Étienne Chevalier, l'un de ses exécuteurs testamentaires. Embaumé, il est placé dans un tombeau, également en marbre, installé dans l'église Notre-Dame de Loches. Sur ce tombeau, un gisant la représente, la tête posée sur un coussin entouré de deux angelots tandis qu'autour de ses pieds reposent deux agneaux rappelant son doux prénom...

Au fil du temps qui passe, tandis que le souvenir d'Agnès Sorel s'estompe dans les mémoires, son tombeau situé au centre de l'église Notre-Dame commence à gêner. Imposant, il rend la déambulation difficile, les religieux et les fidèles s'en plaignent. Certaines voix s'élèvent pour réclamer son déplacement.

Des courriers sont envoyés à plusieurs rois de France successifs pour demander leur approbation. Mais ce ne sont que des refus... jusqu'à ce jour de 1777 où le roi Louis XVI autorise la translation vers l'un des bas-côtés de l'église. La cérémonie est impressionnante, le tombeau est ouvert et les cercueils sont sortis. Oui, les cercueils, car ils sont trois, encastrés les uns dans les autres : un cercueil de plomb, un cercueil de chêne et un cercueil de cèdre.

À l'intérieur, les restes de la Dame de Beauté sont délicatement et respectueusement rassemblés pour être placés dans un pot en grès. Il y a des ossements et de nombreux cheveux... Mais les pérégrinations de ces restes sont loin d'être terminées.

Au moment de la Révolution, le tombeau et son gisant sont détruits et le pot en grès est ouvert. Comme à chaque fois en pareille occasion, des indélicats n'hésitent pas à emporter quelques fragments soit pour conserver un macabre souvenir de la défunte soit pour monnayer ces « reliques ».

En cette période troublée, le pot en grès est abandonné dans un coin de jardin. Retrouvé, récupéré et mis à l'abri, il est replacé à l'intérieur de la sépulture en 1809. Car entre-temps, le tombeau d'Agnès Sorel a été envoyé à Paris pour être restauré par Beauvallet.

À son retour sur les bords de Loire, il est installé non plus dans l'église Notre-Dame, mais dans une pièce du rez-de-chaussée de la « tour Agnès Sorel » du château de Loches, un magnifique et vaste logis royal.

Ouvert au public en 1948, ce logis plus fonctionnel doit permettre aux visiteurs de mieux observer ou de mieux se recueillir devant le tombeau de la maîtresse royale.

1970, nouveau changement, le corps est cette fois translaté dans l'une des autres salles du logis, une pièce devenue la « salle Agnès Sorel »... Cette fois, c'est bien fini !

Eh bien non... En 2004, à l'occasion de la restauration de ce logis royal, la question se pose à nouveau. Pendant la durée des travaux, que faire de ce tombeau ? Et pourquoi ne pas le replacer dans l'endroit choisi à l'origine par Agnès et Charles VII ? Pourquoi ne pas l'installer dans cette église Notre-Dame devenue entre-temps la collégiale Saint-Ours ?

Tant de cheminements, tant de déplacements, tant de décisions, pour finalement revenir à la case départ et offrir aux restes d'Agnès Sorel un repos éternel...

Mais avant cela, pourquoi ne pas profiter des immenses progrès de la science pour tenter de répondre à plusieurs questions que se posent les historiens, les romanciers et les amateurs d'aventures et d'incroyables destinées ?

Acte VI : La science et l'histoire

Le 29 septembre 2004, près de 555 ans après la mort d'Agnès Sorel, une équipe de médecins et de scientifiques est réunie en présence des autorités locales devant le tombeau d'Agnès Sorel : ils s'apprêtent à exhumer les restes de la Dame de Beauté.

Ce jour-là, une fois encore, le pot en grès est ressorti du tombeau d'Agnès Sorel, une fois encore il est ouvert, une fois encore les restes vont en être extraits mais, pour la première fois, ils vont être étudiés scientifiquement.

Parmi ces scientifiques, on compte des radiologues, des médecins légistes, des anthropologues, des archéologues, des toxicologues, des anatomopathologistes... bref, vingt-deux cerveaux de chercheurs placés sous la direction du docteur Philippe Charlier du CHU de Lille. Ils ont à leur disposition des ossements, des dents et des cheveux, des poils.

Parmi toutes les grandes questions qui se posent domine ce fameux murmure qui parcourut la terre de France au moment du décès d'Agnès Sorel : a-t-elle été empoisonnée ?

Mais, avant toute chose, ces hommes de science se sont demandé si les restes qui leur sont confiés sont bien ceux d'Agnès Sorel. Étant donné le parcours plutôt chaotique de ce pot en grès et le demi-millénaire qui les sépare du drame de Jumièges, la question est légitime.

Les éléments osseux du crâne ont permis de reconstituer un visage que l'on a comparé aux portraits peints de son vivant notamment le fameux tableau de Jean Fouquet, *La Vierge de Melun* parfois aussi baptisée *La Vierge à l'Enfant* qui date de 1455, ainsi qu'au visage sculpté sur son gisant.

Il semble donc que l'on soit bien en présence des restes de la Dame de Beauté. Cette réponse n'est pas affirmative à cent pour cent, tout simplement parce que l'ADN n'a pu être extrait. Comme l'a déclaré le docteur Charlier :

« [...] Cela ne marche pas à tous les coups. Avec les bulbes pileux d'Agnès Sorel, nous n'y sommes pas parvenus. Si anthropologiquement, on est certain qu'il s'agit d'une femme, génétiquement on n'en a pas eu confirmation. »

L'examen microscopique du cément dentaire permet à l'équipe du docteur Charlier de déterminer l'âge du décès. Pour Agnès Sorel l'estimation oscille entre 23 ans et 9 mois et 27 ans et 9 mois ; elle est donc née entre 1422 et 1426...

Mais ses dents vont aussi révéler le nombre de ses grossesses. Car ces mêmes anneaux de cément, qui se déposent chaque année, sont plus larges durant les périodes où les femmes sont enceintes. Les chercheurs ont trouvé trois larges anneaux correspondants aux trois premières filles d'Agnès Sorel. Quant aux restes de la dernière petite fille mise au monde en 1450 au manoir du Mesnil, certains de ses fragments se trouvent dans le fameux pot en grès...

Les cheveux vont beaucoup compter dans cette aventure historico-scientifique. Leur étude a permis d'affirmer qu'Agnès Sorel est une femme blonde mais surtout, ils nous offrent une réponse au fameux empoisonnement !

En effet, l'étude toxicologique de ces cheveux fait dire au docteur Charlier :

« Aucune trace d'arsenic n'a été détectée. Par contre des taux considérables de mercure ont été mesurés... Ce mercure aurait pu être

contenu dans le plomb du sarcophage, mais l'analyse de ce dernier a montré qu'il n'en comptait qu'un taux infime... »

Alors, comment ce mercure, que l'on nomme au Moyen Âge le vif-argent, est-il arrivé-là ? Est-ce un geste criminel ?

Marine Cotte, l'une des chimistes de l'équipe, apporte une réponse :

« [...] Il y a de fortes présomptions pour que ce mercure soit la cause du décès. Reste à en connaître l'origine. Est-ce une contamination externe venant du sarcophage ? »

La réponse du docteur Charlier est nette sur ce point ; Marine Cotte poursuit :

« Est-ce du mercure absorbé au cours de la vie sous forme de produits pharmaceutiques ou de cosmétiques ? On se fardait en effet alors aux vapeurs de mercure. Y a-t-il eu une mauvaise médication ? Le mystère demeure... »

Redonnons la parole au docteur Charlier qui ajoute :

« Le mercure, connu depuis l'Antiquité, a souvent été employé comme poison. On peut l'introduire dans l'eau, l'alimentation et même sur des vêtements puisqu'il a la particularité de passer à travers la peau. Agnès Sorel était soignée pour des vers intestinaux avec une association de mercure et de pollens de fougère mâle que nous avons retrouvés dans l'urne... »

Une erreur de posologie semble devoir être écartée par ces scientifiques. S'agit-il alors d'un geste criminel ? Geste qui a très bien pu hâter la disparition d'une maîtresse devenant de plus en plus gênante...

À l'époque du décès, parmi les noms évoqués se trouvait celui du dauphin Louis qui attendait avec impatience de devenir Louis le Onzième. Mais le suspect « officiel », désigné par Charles lui-même n'est autre que Jacques Cœur, l'ami fidèle d'Agnès. Il faut dire que le puissant financier comptait dans son entourage des ennemis prêts à tout pour l'abattre. Accusé, Jacques Cœur fut finalement blanchi de ce crime mais il fut condamné au bannissement à vie par Charles VII pour d'autres raisons.

Ainsi la science semble avoir répondu à de nombreux questionnements historiques. Le samedi 2 avril 2005, les restes de la Belle Agnès ont été replacés dans son tombeau, en la collégiale Saint-Ours de Loches...

Désormais Agnès Sorel peut reposer en paix !

Elle, qui symbolise parfaitement ce vers d'Alphonse de Lamartine, dans les *Méditations poétiques*:

« Beauté, présent d'un jour que le ciel nous envie. »

Bibliographie

BOURIN, Jeanne, *Agnès Sorel, Dame de Beauté*, Paris, La table ronde, 1970.

BULLY, Philippe, *Charles VII : le roi des merveilles*, Paris, Tallandier, 1994.

CONTAMINE, Philippe, *Charles VII*, Paris, Comptes rendus des séances de l'Académie des Inscriptions et Belles Lettres, 1993.

DUBRISAY, Pascal, *Agnès Sorel, féminité et modernité*, Cigogne, concept-image éditions, 2005 (rapporte les conclusions des travaux de l'équipe du Dr Charlier).

ERLANGER, Philippe, *Aventuriers et favorites*, Paris, Perrin, 1963.

KERMINA, Françoise, *Agnès Sorel, la première favorite*, Paris, Perrin, 2005.

LEVÊQUE, Paul-Jacques, *Agnès Sorel et sa légende*, 1970.

LEVÊQUE, Paul-Jacques, *Agnès Sorel, dame de Touraine*, 1975.

ROBERT, Philippe, *Agnès Sorel*, Paris, Hachette, 1983.

SAINT-BRIS, Gonzague, *Agnès Sorel Dame de Beauté royale*, Tours, Nouvelle République, 1998.

Chapitre 4
Ravaillac, le régicide

Ce vendredi 14 mai 1610, l'ambiance est plutôt morose au palais du Louvre où le roi Henri IV semble de fort mauvaise humeur. En fait, il est plutôt inquiet, tendu. Il a mal dormi et a encore fait l'un de ces rêves dans lesquels il se voit assassiné ! Plus qu'un rêve, un cauchemar !

Cela fait déjà quelques années qu'il échappe aux attaques de ses opposants. Plusieurs tentatives d'attentat ont échoué et le roi est persuadé que ses adversaires ne vont pas baisser les bras. Il est même intimement persuadé, en ce vendredi matin, que les choses peuvent aller très vite.

La veille, le jeudi 13 mai, s'est déroulée une importante cérémonie : son épouse, la reine Marie de Médicis a été sacrée. Le bon roi Henri se demande si justement le moment n'est pas propice pour ses ennemis de l'ombre et si un bras vengeur ne va pas réussir à commettre l'irréparable.

Il s'en est confié quelques jours plus tôt à son ministre Sully :

« *Ah ! mon ami, que ce sacre me déplaît ! Ah ! Maudit sacre, tu seras cause de ma mort ! Je mourrai dans cette ville, et n'en sortirai jamais ! Ils me tueront; car je vois bien qu'ils n'ont autre remède en leur danger que ma mort !* »

Cette inquiétude redouble en ce vendredi matin. Henri IV le dit à qui veut l'entendre, il est persuadé d'être en danger. Croisant au Louvre quelques grands seigneurs, il leur confie :

« *Vous ne me connaissez pas maintenant, vous autres, mais je mourrai, un de ces jours, et, quand vous m'aurez perdu, vous connaîtrez lors ce que je valais, et la différence qu'il y a de moi aux autres hommes. »*

Décidément il semble bien avoir l'âme triste, notre bon roi et il n'a pas complètement tort. Lorsqu'il lance ces quelques mots, Henri IV le ressent peut-être, mais il ignore encore qu'il va faire une rencontre improbable, impensable et pourtant dramatique...

Henri de Navarre, le calviniste

Avant de poursuivre, revenons l'espace d'un instant cinquante-sept ans en arrière. Nous sommes le 14 décembre 1553 et le futur Henri IV, fils d'Antoine de Bourbon et de Jeanne d'Albret vient de voir le jour dans la bonne ville de Pau.

Quelques minutes après sa naissance, son grand-père lui frotte les lèvres avec une tête d'ail et lui fait boire quelques gouttes de vin de Jurançon, avec grande modération bien sûr ! Avec un tel régime, cet enfant, cet homme, ce Béarnais ne pouvait devenir qu'un grand roi.

Henri de Navarre est élevé dans la religion calviniste par sa mère. Après avoir été présenté à l'armée des protestants rassemblée à La Rochelle en 1569, il devient, sous la tutelle de Coligny, le chef du parti huguenot. Il fait ses premières armes au cours de la troisième guerre de Religion et notamment lors de la bataille d'Arnay-le-Duc en Bourgogne, en 1570. Cette même année, après la paix de Saint-Germain, en signe de réconciliation entre catholiques et huguenots, il épouse Marguerite de Valois – plus connue sous le nom de reine Margot –, la fille d'Henri II et de Catherine de Médicis, la sœur des rois de France François II, Charles IX et Henri III.

Le mariage de Marguerite et d'Henri est célébré en 1572, une semaine avant le terrible massacre de la Saint-Barthélemy.

Retenu pendant trois ans prisonnier à la cour de France, Henri de Navarre le calviniste abjure le protestantisme. Puis, réussissant, en 1576, à déjouer la surveillance dont il fait l'objet, il s'échappe, renonce cette fois au catholicisme et reprend la tête de l'armée protestante.

Il guerroie pendant de longues années. La mort du duc d'Alençon, dernier frère du roi Henri III, fait de lui l'héritier du trône de France dans la mesure où Henri III n'a pas de descendant.

Cette situation est bien sûr tout à fait insupportable pour les catholiques de la Ligue, qui déclenchent la terrible guerre des Trois Henri. Ces trois hommes ne sont autres que le roi Henri III, Henri de Guise, chef de la Ligue, donc des catholiques, et Henri de Navarre, le chef des protestants. Après l'assassinat des Guises, Henri III et Henri de Navarre se réconcilient et installent ensemble le siège de Paris.

Henri III désigne enfin Henri de Navarre comme successeur. Ce dernier monte sur le trône de France en 1589, après l'assassinat d'Henri III.

Tiens, un autre Henri assassiné ? Décidément, il ne fait pas bon s'appeler « Henri » ! Souvenons-nous de l'histoire de France : mis à part Henri Ier du nom, petit-fils d'Hugues Capet mort de maladie en 1060, tous les autres Henri ont connu une fin tragique : Henri II est mortellement blessé lors d'un tournoi, tandis qu'Henri III succombe à un coup de couteau… Il y a de quoi parler de la « malédiction des rois Henri » !

Henri III tué d'un coup de couteau

Revenons sur le règne et la fin tragique d'Henri III. À Henri II succède son fils François II, roi de 1559 à 1560, puis son frère Charles IX. À la mort de ce dernier, en 1574, c'est le troisième frère, c'est-à-dire le troisième fils d'Henri II, qui devient roi à son tour sous le nom d'Henri III.

Ce jeune homme de 23 ans, né au château de Fontainebleau au mois de septembre 1551, s'est longtemps cru trop loin dans l'ordre de succession au trône. Ne pensant pas un jour prétendre à la couronne de France, il accepte, sans gaieté de cœur, le trône de Pologne auquel il vient d'être élu et arrive à Cracovie en février 1574. L'accueil de la population est chaleureux, mais le gouvernement du pays est beaucoup plus pénible. Quand il apprend, trois mois et demi plus tard, la mort de son frère Charles IX, sa joie l'emporte sur son chagrin car ce décès fait de lui le nouveau roi de France. Henri quitte donc rapidement la Pologne et rejoint les bords de Seine.

Durant son règne, l'unité du royaume est mise à mal pour des raisons tant religieuses que politiques. Les guerres de Religion continuent de diviser les princes et, à leur suite, le peuple de France, divisé selon la religion du prince qui gouverne : la religion n'est pas une affaire plus politique que personnelle ; on est catholique quand sa province est catholique ou protestant quand sa cité est protestante. Voyant son autorité de plus en plus bafouée, Henri III veut en finir avec le duc de Guise, chef de la Ligue. En 1588 il convoque les états généraux. Une nouvelle fois, le désaccord entre Henri de Guise et Henri III est criant. Le roi prend une décision irrévocable : faire assassiner le duc de Guise. Le 23 décembre 1588, il le fait venir dans ses appartements du château de Blois. Le duc de Guise s'y rend seul. Passant par un étroit couloir, il est tout à coup assailli par ceux que l'on surnomme les « Quarante-cinq », véritable garde prétorienne du roi. Le duc de Guise est sauvagement assassiné dans ce guet-apens. Le lendemain, son frère, le cardinal de Guise, est à son tour assassiné, toujours à Blois.

Cette fois, le rapprochement entre Henri III et Henri de Navarre peut s'effectuer. Mais quelques mois après cet odieux règlement de compte, Henri III va lui aussi tomber sur son assassin.

Au matin du 1er août 1589, Henri III se trouve à Saint-Cloud, non loin de Paris, prêt à mener, avec l'aide d'Henri de Navarre, l'assaut contre sa capitale rebelle. Un moine dominicain âgé de vingt-deux ans, originaire de Sens, Jacques Clément, demande à le voir. C'est un illuminé, endoctriné par les sermons des prédicateurs de la Ligue, et qui se croit investi d'une mission de justicier. Il prétend avoir des informations importantes à confier au roi, notamment une bonne nouvelle concernant la prise de l'une des portes de Paris par les royalistes. Comme il détient une lettre de recommandation du président de Harlay, la garde rapprochée du roi le laisse entrer. Henri III accepte de l'entendre et fait éloigner son grand-écuyer Bellegarde et le procureur-général La Guesle. Le frère Jacques Clément s'approche du roi et, au moment de lui confier ses informations, sort un couteau de la manche de sa robe de bure et le plante dans le bas-ventre du souverain. Henri III hurle de douleur et s'écrie : « *Ah ! le méchant moine, il m'a tué, qu'on le tue !* » La Guesle se jette sur le moine, le renverse d'un coup d'épée et les « Quarante-cinq », accourus aux cris du roi, le trucident.

Henri III est allongé et soigné ; à cet instant précis, ses proches pensent qu'il n'est que blessé. Il reçoit Henri de Navarre qu'il déclare son successeur et fait jurer aux seigneurs qui l'entourent de rester fidèles à son beau-frère, le mari de Marguerite. Les voix s'élèvent pour prêter serment, Henri de Navarre peut quitter la chambre et part diriger ses troupes. Les deux hommes ne se reverront plus.

Henri III meurt la nuit suivante, entre deux et trois heures du matin, le 2 août 1589. Il a 38 ans.

C'est donc un deuxième Henri qui passe de vie à trépas dans des circonstances plutôt étranges et dramatiques... Sa fin marque un tournant dans notre histoire puisque la dynastie des Valois disparaît avec lui, cédant la place aux Bourbons.

Henri de Navarre devient Henri IV

Ce crime épouvantable, ce régicide qui répond dans le sang aux meurtres des deux frères Guise, permet à Henri de Navarre de ceindre la couronne de France dans des circonstances décidément pénibles.

Henri de Navarre le calviniste jure alors « *...de vivre et mourir en la religion catholique...* ».

Le sacre d'Henri IV a lieu à Chartres – Reims étant encore aux mains de la Ligue – le 27 février 1594 et Paris lui ouvre ses portes un mois plus tard, le 22 mars 1594.

La volonté d'Henri IV d'en finir avec ces guerres entre catholiques et protestants est indéniable. En 1598 il signe le fameux édit de Nantes dont le premier but est la pacification du royaume. Les huguenots, inquiétés par son abjuration du protestantisme qui lui a permis de monter sur le trône, sont ainsi rassurés.

Cet édit de Nantes leur offre l'amnistie pleine et entière pour les actes de guerre passés et, pour l'avenir, l'ouverture de temples et le libre exercice de leur culte sur tout le territoire, sauf à Paris et dans un rayon de cinq lieues alentour, ainsi que dans les camps militaires. Toutes les charges et dignités sont à nouveau accessibles aux huguenots qui bénéficient aussi de privilèges politiques et judiciaires, destinés à les protéger à l'avenir. Les protestants obtiennent ainsi la maîtrise d'une centaine de « places de sûreté », places fortes comme Saumur ou Montpellier. Le roi leur accorde aussi le droit de réunir des assemblées périodiques, comparables aux états généraux. Malgré tous ces efforts, les plaies restent ouvertes, béantes... et bien souvent elles ne cicatrisent pas.

Du côté de sa vie privée, Henri IV est tout aussi tourmenté. D'abord marié à Marguerite de Valois, la fameuse reine Margot, il fait annuler ce premier mariage en 1599. N'ayant alors aucun héritier, il choisit de se tourner vers la famille florentine des Médicis, espérant que la France retrouvera ainsi un peu d'influence en Italie.

« L'affaire » est rondement menée. Marie de Médicis, fille du grand-duc François de Toscane et de l'archiduchesse Jeanne d'Autriche, quitte donc le palais Pitti en octobre 1600, débarque à Marseille en novembre et épouse Henri IV à Lyon en décembre. La reine n'est pas d'une famille aussi illustre que la maison de France, elle n'est pas non plus très belle et certains l'appellent « la grosse banquière ». Sa dote est en effet son principal atout: elle apporte six cent mille écus au roi, sans compter l'emprunt de deux millions qu'Henri a souscrit auprès de la banque Médicis quelques années auparavant, et qui sera plus facilement oublié après un mariage.

Le bon roi Henri et sa nouvelle épouse entrent dans Paris sous les acclamations, en février 1601. Le roi a 47 ans et la reine en a 27.

Le couple royal va avoir six enfants, le dauphin Louis, futur Louis XIII, Gaston d'Orléans, Nicolas, qui meurt très jeune, et puis trois filles, Élisabeth, qui épousera Philippe IV, roi d'Espagne, Christine qui épousera Victor-Amédée, duc de Savoie, et Henriette, future femme de Charles Ier, roi d'Angleterre.

En ce tout début de XVIIe siècle, la popularité du bon roi va grandissante. Contrairement à ses prédécesseurs, il semble s'occuper des affaires de son royaume et engage de véritables réformes politiques, bien sûr, mais aussi économiques, notamment grâce au soutien et au travail de son fidèle ministre Sully.

Un certain François Ravaillac

À cet instant de notre récit, il est temps de faire connaissance avec le sombre « héros » de ce drame, celui par qui le mal est arrivé, celui qui va commettre le geste irréparable, ce François Ravaillac qui demeure, aujourd'hui encore, l'assassin le plus célèbre de l'histoire de France.

La vie de François Ravaillac débute en 1578, à Angoulême. Il est le fils d'un solliciteur de procès, une profession qu'il reprendra plus tard. En attendant, il est élevé notamment par deux de ses oncles, tous deux chanoines de la cathédrale, qui lui inculquent à la fois les bases de la religion catholique et la haine des huguenots. Hélas, rien de plus normal en cette période si terrible des guerres de Religion.

Quand Henri III est assassiné par Jacques Clément et qu'Henri IV lui succède, François Ravaillac écoute de nombreux catholiques vilipender ce nouveau roi devenu catholique uniquement pour arriver à ses fins, c'est-à-dire pour monter sur le trône.

Quand il entend cela, Ravaillac a 12 ans et le roi Henri IV en a 36.

Ravaillac, très jeune, devient valet d'un conseiller au Parlement, puis clerc. Mystique, il est attiré par la religion et souhaite devenir moine feuillant.

Ce terme de feuillant vient du nom d'une abbaye cistercienne située à proximité de Toulouse, fondée au XIIe siècle. Dans cette abbaye a été instaurée en 1577 une réforme cistercienne si rigoureuse que cette congrégation n'a jamais reconnu l'autorité du chapitre général de Cîteaux. L'observance y est austère, très austère. Ses moines, appelés les feuillants, ne portent pas de chaussures, dorment sur une planche avec une pierre pour oreiller, mangent sur le plancher et suivent un régime alimentaire très dur, ne consommant ni poisson, ni œufs, ni beurre, ni sel, ni assaisonnement.

Malgré ce rythme très difficile, la congrégation rayonne considérablement au cours du XVIIe siècle. Elle essaime à la fois en Italie avec quarante et une maisons, et en France qui compte alors pas moins de trente et un monastères. La Révolution de 1789 marquera la disparition définitive de la congrégation des Feuillants...

Cette réponse définitive, sans appel, le plonge dans un drame intérieur inimaginable...

Pourtant, la vie continue. François Ravaillac, qui doit subvenir aux besoins de ses parents séparés et ruinés, donne des cours de lecture et d'écriture à quelque quatre-vingts garnements. Et puis il reprend la profession paternelle de solliciteur de procès. Mais les affaires sont difficiles, son salaire est plus que modeste, il est obligé d'emprunter et ne peut rembourser. Il se retrouve rapidement en prison pour dettes.

À Angoulême, il commence à se faire connaître, ce grand gaillard de François Ravaillac, ce costaud aux cheveux roux, dont le large visage carré semble illuminé par un regard de braise... un regard qui inquiète parfois ses interlocuteurs.

Derrière ce regard, dans ce crâne, il semble bien que les éléments se déchaînent, que les pensées se fracassent les unes contre les autres, que de mauvaises idées surgissent... C'est à cette époque-là que des maux de tête commencent à le faire souffrir, surtout le matin au réveil, après une nuit agitée au cours de laquelle il a des visions religieuses.

Un beau jour, ce personnage torturé est réclamé par le gouverneur d'Angoulême. Or, cet homme puissant n'est autre que le duc d'Épernon. Lui qui a été l'un des mignons d'Henri III, qui est devenu duc et pair de France, amiral de France et gouverneur de bien des territoires, souhaite recevoir François Ravaillac pour lui confier une mission. Le duc d'Épernon le charge de partir pour Paris afin de solliciter dans l'un de ses nombreux procès.

La machine est en marche, Ravaillac quitte Angoulême pour Paris, son destin et celui du roi Henri vont se croiser...

Les pièces se mettent en place

Une fois à Paris, François Ravaillac remplit son office et en profite pour se promener, découvrir la capitale et écouter ce qui se dit. Il est décidément troublé par les discours qui accusent le roi de France de ne soutenir ni le pape, ni les catholiques. En politique étrangère, Henri IV vient en aide à la Hollande protestante face à l'Espagne catholique et c'est intolérable !

Ce qui est intolérable pour les gens de la rue, l'est surtout pour certains hauts personnages. La reine Marie de Médicis, qui favorise en permanence le parti espagnol et qui veut marier ses enfants aux infants et infantes d'Espagne, est perpétuellement en désaccord avec son royal époux.

Tous ces tiraillements, tous ces désaccords hantent l'esprit de François Ravaillac. Ses maux de tête continuent de le tourmenter, ses visions religieuses ne le quittent pas et, petit à petit, dans son esprit se forge une idée terrible : en finir avec la personne du roi !

Ce roi qui s'est converti par pur intérêt politique, c'est inadmissible !

L'idée devient de plus en plus pressante, ses maux de tête le torturent, il n'en peut plus... il doit agir. Déterminé à tuer le roi, il vient à Paris tout exprès à la Noël 1609. Refoulé par le prévôt et ses archers, il tente alors d'approcher le carrosse royal, admonestant Henri IV de l'écouter au nom du Christ et de la Vierge. En vain.

Pour tenter de trouver un peu de repos, il rentre chez sa famille à Angoulême où il passe les fêtes de Pâques de l'an de grâce 1610. Quelques jours plus tard, il reprend le chemin de Paris, plus décidé que jamais...

Pendant ce temps, le roi est occupé par des préparatifs militaires qui lui permettront d'intervenir dans les affaires de la succession des duchés de Clèves et Juliers. L'affaire est complexe, le duc étant mort sans descendant en 1604, et elle ne concerne la France que de loin. Il s'agit plutôt d'un prétexte. Les Habsbourg d'Autriche sont en position de force dans cette succession, ce qui risque d'ouvrir la route des Pays-Bas à leurs alliés, les Habsbourg d'Espagne. Pour Henri IV et Sully, ce combat s'inscrit donc dans les luttes séculaires que mène la France pour réduire la puissance des Habsbourg et éviter que leurs possessions n'encerclent le royaume. Henri IV signe en février un pacte d'alliance avec plusieurs princes allemands, parmi lesquels le prince d'Anhalt, le duc de Wurtemberg, l'Électeur Palatin et celui de Brandebourg. Simultanément, les princes catholiques signent leur propre traité. Au printemps 1610, le roi fait faire mouvement à ses troupes, tout est prêt pour une guerre qui doit éclater en mai.

Marie de Médicis, qui soutient au contraire le parti espagnol, très actif et organisé à Paris, demande à être sacrée et couronnée car elle estime que le roi Henri est en danger. Depuis plusieurs années, les attentats se sont multipliés, elle a peur pour sa vie, pour la survie du royaume et pour la succession de leur fils, le jeune dauphin Louis. Voulant absolument, en cas de drame, exercer le pouvoir comme régente, elle réclame ce sacre que le roi Henri IV ne cesse de retarder. Il accepte enfin car il souhaite lui confier le gouvernement du royaume pendant qu'il dirigera les opérations militaires à l'est. La date retenue est celle du 13 mai 1610. La cérémonie se déroule à Saint-Denis sous la houlette du cardinal de Joyeuse. Le roi est heureux, son épouse est enfin exaucée et il doit quitter sa capitale pour partir à la tête de ses troupes, le 19 mai. En attendant, le couple royal rejoint sa résidence des bords de Seine, le palais du Louvre.

Voilà sans doute l'un des ensembles architecturaux les plus beaux et les plus riches de Paris. Le Louvre, ou plus exactement le château du Louvre, n'est pas né d'hier. Le premier à avoir voulu faire construire un château sur cet emplacement est le roi Philippe Auguste, en 1190 lors de son départ pour la croisade afin d'offrir, au cœur de Paris, une enceinte de sécurité contre toutes les invasions possibles.

C'est ainsi qu'est né un véritable château fort au centre duquel trône une tour de plus de trente mètres de haut. Aujourd'hui, on peut en voir les fondations dans le sous-sol du musée du Louvre.

Ce nom même de « Louvre » n'est pas définitivement expliqué : certains pensent que cet endroit était infesté de loups, mais ce n'est qu'une explication parmi d'autres…

Après Philippe Auguste, de nombreux rois vont apporter des transformations et d'importants changements. Charles V est le premier à venir y habiter et en faire une résidence royale. Puis François Ier décide de s'y installer pour s'attirer les faveurs des Parisiens. Il fait abattre le donjon de Philippe Auguste pour bâtir un palais. Quelques années plus tard, la reine Catherine de Médicis décide de faire construire le château des Tuileries, à 500 mètres du Louvre, et Henri IV fait achever une immense galerie permettant d'aller d'un endroit à l'autre à l'abri des intempéries.

C'est dans ce cadre majestueux que se trouve le roi au matin du vendredi 14 mai 1610. Sa nuit a été agitée, il a fait des cauchemars qui ressemblent fort aux mauvais présages ressentis par la reine et prédits par ses astrologues.

Cette journée néfaste va devenir un jour noir.

Une rencontre improbable

Décidément, rien ne va plus ! D'une humeur épouvantable, le roi Henri IV tourne en rond et ne sait quoi faire.

Comme aucune obligation ne le retient, il émet le souhait de se rendre au chevet de son ministre Sully, qui a dû garder la chambre dans sa résidence de l'Arsenal. Il hésite, il sait qu'une sortie menace sa sécurité, mais l'envie est plus forte que la raison.

Il est environ 15 heures 30 ce 14 mai 1610 quand la voiture se met en place dans la cour du Louvre. Henri IV arrive, suivi de plusieurs seigneurs, et s'installe avec eux dans le carrosse. Dans la suite du roi se trouvent le duc d'Épernon, celui-là même qui a envoyé François Ravaillac à Paris pour traiter l'une de ses affaires, le maréchal de Lavardin et le maréchal de Roquelaure, messieurs de Liancourt et de Mirebeau, sans oublier le duc de Montbazon et La Force. Pour accompagner cet équipage, le baron de Vitry, capitaine des gardes, rassemble une escorte, mais le roi la refuse. Il souhaite sortir dans Paris discrètement. Seuls le suivent quelques valets à pied. Enfin la lourde voiture commence à rouler sur les pavés de la cour, franchit les deux grosses tours féodales de la porte et s'enfonce dans Paris.

Personne ne voit, sous la voûte, ce grand gaillard aux cheveux roux qui attend dans l'ombre un moment propice. Cet homme, c'est François Ravaillac. Il y a quelques semaines déjà, suivant les déplacements du souverain, il s'est retrouvé à quelques pas de lui et l'a interpellé : « *Au nom de Notre Seigneur et de la Très Sainte Vierge, Sire que je parle à vous !* »... il n'a pas eu le temps de poursuivre, les gardes l'ont repoussé et éloigné avec vigueur...

Mais cette fois, le carrosse est peu protégé, Ravaillac va peut-être pouvoir tenter sa chance. Il suit la voiture royale en courant.

Le roi assez content de changer d'air, demande à ce que les mantelets en cuir qui obstruent les fenêtres soient relevés. Le temps est beau et chaud, la ville se décore et se fait belle pour fêter l'entrée officielle de la reine nouvellement sacrée. Une entrée solennelle prévue pour le surlendemain, dimanche 16 mai.

Le trajet emprunté par le carrosse passe par la rue Saint-Honoré puis par la Croix-du-Trahoir, laissant sur la gauche le cimetière des Saints-Innocents avant de s'engager dans la rue de la Ferronnerie. Et le voilà bloqué, au niveau de l'actuel numéro 11, par deux charrettes qui ne peuvent se croiser, une charrette de foin et une charrette de vin qui bouchent entièrement la rue.

Ah ! la joie des embarras de Paris, plusieurs siècles avant nos embouteillages familiers ! Il faut donc dégager rapidement la rue : tandis qu'une partie des valets à pied choisit de couper en traversant le cimetière pour retrouver la voiture rue Saint-Denis, deux autres valets s'activent. L'un tente de faire ranger les charrettes et, pendant que l'autre rattache sa jarretière, un homme s'élance et grimpe sur la roue du carrosse arrêté entre l'étude du notaire Poutrain et une auberge à l'enseigne prémonitoire « Au cœur couronné percé d'une flèche ». Il ne faut que quelques instants à cet homme pour commettre son crime.

Vous l'avez deviné, celui qui vient de grimper sur la roue n'est autre que François Ravaillac. En un éclair, il sort son large couteau et frappe le roi à la poitrine. Tandis qu'Henri IV s'écrie : « *Je suis blessé !* », Ravaillac le frappe encore. Ce second coup qui lui tranche l'aorte lui est fatal.

L'affolement est total. La Force soutient le roi qui crache son sang tandis que Ravaillac, resté comme hébété, est immédiatement arrêté. Le duc d'Épernon demande avec véhémence à ce qu'il ne soit pas tué à son tour, ni même lynché par le peuple. Le carrosse repart au grand galop vers le Louvre, mais il est trop tard, le roi est mort !

Le bruit court rapidement à travers les rues jusqu'au Palais, le brouhaha s'intensifie quand la voiture entre dans la cour à vive allure. Les bruits de pas, les mots chuchotés à haute voix, les premiers émois, tout cela attire l'attention de la reine Marie de Médicis retirée dans ses appartements pour se reposer d'une migraine qui la torture.

Entendant tout ce remue-ménage, elle envoie Madame de Montpensier voir ce qui se passe. Quelques secondes lui suffisent pour comprendre. Quand celle-ci revient, le visage défait, la reine songe à un grand malheur et s'écrie : « *Mon fils !* » tout en se levant et en se précipitant vers la porte. Marie de Médicis apprend alors que c'est son mari qui vient d'être assassiné. Le jeune dauphin Louis, âgé de 8 ans, est prévenu dans les minutes qui suivent. Il essuie quelques larmes et lance dans un geste vengeur :

« *Ha ! si j'y eusse été avec mon épée, je l'eusse tué !* »

Le sacre de Marie de Médicis, qui s'est déroulé la veille, va lui permettre de devenir la régente du royaume, même si pour l'heure, encore sous le choc, elle ne cesse d'affirmer : « *Hélas ! le roi est mort ! Hélas ! le roi est mort !* », ce à quoi le chancelier de Sillery répond : « *Votre Majesté m'excusera. Les rois ne meurent point en France, voilà le roi vivant, madame* », en montrant le futur Louis XIII.

Pendant ce temps, Ravaillac est emprisonné.

« Qui t'a poussé à le faire ? »

L'assassin du roi est rapidement emmené et enfermé en l'hôtel de Retz, situé en face du Louvre. Assis dans les cuisines, il est interrogé avec cette question lancinante qui revient sans cesse :

« *Qui t'a poussé à le faire ?* »

Mais les réponses ne viennent pas. Le lendemain de son crime, le samedi 15 mai, François Ravaillac est transféré à la Conciergerie. Son procès est instruit par une commission placée sous la présidence d'Achille de Harlay, le premier président du Parlement de Paris. À partir de son arrestation, pendant treize jours d'interrogatoires et de tortures, les enquêteurs tentent de savoir si Ravaillac a agi seul ou si un véritable complot a été organisé contre le roi. À chaque fois, inlassablement, il répond avoir agi seul.

Un soupçon pèse alors sur les pères de la Compagnie de Jésus, les jésuites, récemment revenus dans la capitale. Ces soupçons reposent sur de très faibles arguments. Le père Coton, confesseur d'Henri IV, a rendu visite à Ravaillac à l'hôtel de Retz, et lui aurait dit, entre autres choses, « *qu'il regardât bien à ne pas mettre en peine les gens de bien* ». Cette démarche parut suspecte, d'autant plus que l'on apprit que le criminel s'était, peu de temps auparavant, confessé au père d'Aubigny, autre jésuite. Le président du Parlement interrogea d'Aubigny, mais celui-ci se déroba aux questions, se réfugiant derrière le secret. Lorsqu'on le confronta à Ravaillac, il déclara ne jamais l'avoir rencontré. L'enquête, en ce qui concerne cette piste, s'arrêta là, mais l'opinion parisienne propagea longtemps l'idée, vraiment peu fondée, que les jésuites étaient les instigateurs du crime.

Enfin, le 27 mai, le régicide est convoqué pour la dernière fois devant ses juges. On lui inflige la torture des brodequins, qui lui broyent les chevilles et les genoux. François Ravaillac demande alors pardon aux juges, au jeune roi et à la reine, mais affirme encore une fois n'avoir eu aucun complice. Le verdict tombe : Ravaillac est, sans surprise, condamné à mort…

Ce jeudi 27 mai 1610, vers 15 heures, Ravaillac quitte la prison de la Conciergerie et grimpe dans un tombereau à ordures pour être transporté jusqu'au lieu de son supplice, la place de Grève, l'actuelle place de l'Hôtel-de-Ville de Paris.

Au Moyen Âge, la place de Grève est une véritable plage de sable et de graviers, longue d'environ mille pas, qui descend en pente douce jusqu'à la Seine. C'est alors la seule véritable place d'un Paris très resserré. Devant un lieu aussi facile d'accès tant par le fleuve pour les bateliers que par la terre pour les habitants, s'est très vite installé un véritable port commercial. En ce port de Grève se trouvent non seulement des marchandises, mais aussi des places, des emplois. Artisans et commerçants y cherchent un porteur ou un maçon tandis que compagnons et valets attendent un maître. Pendant des dizaines d'années, pour les Parisiens, « aller en Grève » signifie chercher un emploi... Depuis une époque récente, « faire la grève » s'attache plutôt à la sauvegarde de son emploi...

Toujours est-il que, ce 27 mai 1610, les très nombreux Parisiens qui se rendent en place de Grève, viennent assister au supplice de Ravaillac. Car plus qu'une exécution, il s'agit bien d'un supplice ! Il est tenaillé aux bras, aux cuisses et aux jambes, c'est-à-dire que le bourreau lui arrache la peau avec des tenailles rougies au feu. Sur ces multiples plaies, il fait couler du plomb fondu, de la cire et du soufre. La foule est particulièrement nerveuse et vibre d'une haine immense contre Ravaillac. L'exécution se passe sous ses hurlements et Ravaillac murmure :

> *« On m'a bien trompé quand on m'a persuadé que le coup que je ferais serait bien reçu du peuple. »*

Encore une parole qui soulève bien des questions...

La main droite de Ravaillac, celle qui a porté l'arme du crime, est brûlée au soufre. Puis il est écartelé par quatre chevaux qui ne parviennent à démembrer définitivement son corps meurtri qu'à la troisième tentative. Ravaillac expire.

La foule en délire hurle sa haine pendant toute la durée de cette affreuse exécution et, au moment où les chevaux parviennent enfin à arracher les membres, elle se précipite pour emporter des morceaux de chair du régicide supplicié et les brûler.

Au-delà de la disparition physique, d'autres condamnations sont attachées à un tel crime. Sa maison natale doit être détruite, ses parents bannis, et ses frère, sœurs, oncles et autres parents ne pourront plus porter le nom de Ravaillac.

Il reste tout de même plusieurs questions d'importance, qui font de ce crime une véritable énigme. François Ravaillac a-t-il réellement agi seul, a-t-il eu des complicités, a-t-il été poussé par une main étrangère ou même française ?

Car les réponses obtenues sous la torture n'ont satisfait ni les contemporains ni les historiens. Les coïncidences et les contradictions sont multiples autour de cet événement. Il pouvait s'agir d'un ultime règlement de comptes de la Ligue, d'intrigues du parti espagnol, ou encore d'intrigues féminines... La personnalité de Ravaillac apparaît faible et manipulable. Cet illuminé un peu fou a pu être endoctriné par le duc d'Épernon ou son entourage, ou bien par Concini, Italien proche à la fois de la reine et du parti espagnol.

À la fois pendant et après l'enquête, des langues se sont déliées pour rapporter certains événements étranges, certaines disparitions soudaines. Ainsi, les magistrats ignoreront des éléments troublants. Par exemple, le duc d'Épernon, alors assis à côté du roi, aurait empêché un gentilhomme de tirer son épée pour protéger le roi. Il est étrange également qu'on n'ait pas cherché de nouveaux témoins. Plus curieuse encore reste la fameuse histoire du prévôt de Pluviers. Cet homme honorable aurait annoncé la mort du roi à son entourage, à Pluviers, au moment même où Ravaillac commettait son forfait. Ses dires sont rapportés aux enquêteurs. Le prévôt est arrêté et conduit à Paris. Curieusement, il est retrouvé pendu dans sa cellule. Il était au service de la famille d'Entragues, notamment de la marquise de Verneuil, la remuante maîtresse du roi... Une autre proche de la marquise de Verneuil, Jacqueline d'Escoman, surnommée la Coman, connut une fin obscure. Cette femme, qui a hébergé Ravaillac lors de son premier voyage à Paris, quand il était venu participer à un procès pour le duc d'Épernon, a vu des personnes ou des choses, entendu des conversations. Avant même l'assassinat, elle tente de rencontrer la reine Marie de Médicis, en vain. Après la mort du roi, elle continue à vouloir raconter ce qu'elle sait. Personne ne l'écoute, puis, soudain, elle est arrêtée et condamnée à la prison à perpétuité. Enfermée dans un couvent, elle y meurt peu après.

D'autres soupçons se sont également portés sur la personne même de la reine... Mais n'est-ce pas aller trop vite en besogne ? Sitôt sacrée à Saint-Denis, l'épouse jalouse aurait-elle souhaité devenir régente et armé le bras de Ravaillac pour poursuivre sa politique de rapprochement entre la France et les États catholiques ?

Tous ces soupçons sont impossibles à étayer solidement. Peut-être Ravaillac a-t-il été seulement influencé de manière indirecte, par des discours ou des lectures ? Il n'existe en tous cas aucune preuve irréfutable d'une complicité quelconque avec Ravaillac, aucune trace de ses incitateurs.

Alors, avec cet assassinat dramatique d'Henri IV, peut-on effectivement parler d'une malédiction des rois Henri ? Sans doute pas, mais avouez qu'il est troublant de remarquer que plus aucun souverain n'a porté ce prénom !

Même les restes du bon roi Henri IV sont sujets à bien des discussions d'experts et bien des débats de spécialistes. Le crâne d'Henri IV est-il bien le sien ? Les scientifiques ne s'accordent pas sur l'ADN qui apporterait la preuve définitive. Les Mystères de l'Histoire ne sont pas prêts de s'effacer...

Bibliographie

BABELON, Jean-Pierre, *Henri IV*, Paris, Fayard, 1997.

BIET, Christian, *Henri IV*, Paris, Larousse, 2000.

CHEVALIER, Pierre, *Les régicides : Clément, Ravaillac, Damiens,* Paris, Fayard, 1989.

GARRISSON, Janine, *Ravaillac, le fou de Dieu,* Paris, Payot, 1993.

MOUSNIER, Roland, *L'assassinat d'Henri IV: 14 mai 1610,* Paris, Gallimard, 1992.

CHAPITRE 5

Qui se cache derrière le masque de fer ?

Le 19 novembre 1703, on enterre dans la plus grande discrétion au cimetière Saint-Paul un dénommé « Marchioly », âgé de 45 ans environ, détenu de la prison de la Bastille. À peine est-il mis en terre, que toutes ses affaires sont brûlées, y compris sa literie et son mobilier ; sa vaisselle est fondue ; les murs et le sol de son cachot sont entièrement nettoyés et grattés. Il ne doit rester aucune trace du prisonnier. Avec cet homme que l'on enterre, va naître la plus grande énigme de l'histoire de France : celle du Masque de fer.

De nombreux historiens se sont penchés sur l'aventure époustouflante de ce malheureux, et ils ont enfin réussi à découvrir l'identité de l'homme au masque de fer, et à démêler le faux du vrai... enfin presque !

L'arrivée d'un étrange prisonnier...

Cette étonnante affaire débute vers la fin du XVIIe siècle, à une date inconnue, lorsque, dans l'une des prisons du royaume de France, parmi les plus sombres et les plus éloignées de Versailles, débarque un nouveau pensionnaire.

Cette forteresse de Pignerol, lieu lugubre entre tous, se dresse au cœur d'une petite ville fortifiée du Piémont, à une soixantaine de kilomètres au sud de Turin. Notre « prisonnier » est en effet envoyé sur un territoire aujourd'hui italien mais qui appartenait alors à la couronne de France. Souvenez-vous des voyages en Italie de François Ier : après sa victoire de Marignan, en 1515, il s'est emparé de cette forteresse, sept ans plus tard. Désormais, cette terre va appartenir tantôt à la maison de Savoie, tantôt au roi de France... C'est ainsi que depuis le mois d'octobre 1631, la cité et la forteresse de Pignerol ont été cédées à Louis XIII. Rapidement, le donjon, jadis défensif, est transformé en prison d'État et Louis XIV n'hésite pas à y faire enfermer ceux qui lui déplaisent. Aujourd'hui, la forteresse n'existe plus : elle fut détruite il y a plus de trois siècles.

L'homme qui doit être incarcéré dans ce lieu reculé du royaume est un être sans nom ou, tout au moins, dont le nom ne doit pas être prononcé. Il est placé ici au secret, sous la responsabilité de Bénigne de Saint-Mars, obéissant serviteur du roi et gouverneur de la citadelle de Pignerol. Ce dernier sait déjà que ce prisonnier ne sera pas un détenu comme les autres. Il écrit dans une lettre adressée à Louvois, secrétaire d'État à la Guerre, juste après l'arrivée du mystérieux prisonnier à Pignerol :

> *« Il n'y a rien de plus vrai que je n'ai jamais parlé de ce prisonnier à qui que ce soit, et, pour marque de cela, bien du monde croit ici que c'est un maréchal de France et d'autres disent un président. »*[1]

Le gouverneur reçoit les sommes nécessaires à l'« *accommodement* » du cachot dans lequel il sera seul autorisé à pénétrer, et il ne devra jamais laisser le prisonnier tenter de l'entretenir « *d'autres choses que de ses nécessités* ». Mais à cet instant précis de notre histoire, ces deux hommes ne se connaissent pas et ne savent pas qu'ils ne vont plus jamais se quitter. Seule la mort les séparera, quelques années plus tard, après bien des péripéties.

---

[1] 31 août 1669

Un geôlier recommandé par... d'Artagnan !

Serviteur zélé, M. de Saint-Mars n'a pas reçu la mission de garder ce mystérieux prisonnier par hasard. Homme de confiance, fidèle à son roi, il fait preuve depuis toujours d'un entier dévouement et il a été recommandé au roi – excusez du peu – par d'Artagnan !

Revenons sur la mission de ce fidèle serviteur. Parmi les plus célèbres personnalités à avoir osé déplaire au Roi-Soleil figure un certain Nicolas Fouquet. Ce ministre, surintendant des Finances, a voulu trop en faire lors d'une somptueuse réception qu'il a organisée en l'honneur du roi dans son château de Vaux-le-Vicomte. En quittant son hôte, après plusieurs heures de festivités, Louis XIV, agacé, ne prononce qu'une seule parole en montant dans son carrosse : « J'aurais dû faire arrêter Fouquet sur l'heure ! »

Trois semaines plus tard, au mois de septembre 1661, le roi donne l'ordre au lieutenant de sa première compagnie de mousquetaires, Charles de Batz, comte d'Artagnan, d'arrêter Nicolas Fouquet. À la sortie d'un Conseil qui s'est tenu en la bonne ville de Nantes, d'Artagnan s'approche de la voiture du ministre et lui annonce : « Excellence, je vous arrête par ordre du Roi. »

Accusé de malversations, jugé, il est condamné au bannissement. Une peine qui est rapidement, dès le surlendemain, commuée en détention à vie par Louis XIV en personne. Fouquet doit être envoyé en la citadelle de Pignerol, justement...

Chargé de le surveiller depuis son arrestation, d'Artagnan vient d'apprendre que Colbert souhaite lui confier la garde de Fouquet, à Pignerol. D'Artagnan, qui préfère les champs de bataille aux cachots humides, défend sa position auprès du puissant ministre: «*Excellence, j'aimerais mieux servir comme simple soldat aux gardes que d'être le premier geôlier du royaume.*»

Colbert lui répond, avec un peu de malice: «*Allez dire cela au roi si vous l'osez !*»

D'Artagnan ose, et le roi lui donne raison... sans pour autant oublier de lui demander conseil. Car le roi s'interroge. Qui va pouvoir succéder à d'Artagnan ? À qui va-t-il confier cette tâche délicate ? Qui, mais qui ?

«*Saint-Mars, Sire, voilà un excellent serviteur*», suggère le mousquetaire, qui connaît bien ce maréchal des logis qui l'a aidé lors de l'arrestation de Fouquet et de ses proches.

Le roi accepte cette proposition, M. de Saint-Mars va devenir le geôlier de Nicolas Fouquet... et le rester pendant de longues années.

Tandis que d'Artagnan part vers le siège de Maastricht où il sera tué au combat, M. de Saint-Mars et son auguste prisonnier quittent Paris, en direction de l'Italie où chacun va jouer son rôle dans cette partie de «gendarme et de voleur».

Depuis plusieurs années, M. de Saint-Mars surveille l'ancien ministre au cœur de la forteresse de Pignerol lorsqu'il accueille un nouvel hôte, celui qui sera, pour la postérité, l'homme au masque de fer. Sa carrière ne fait alors que commencer: le gouverneur va petit à petit grimper dans la hiérarchie des geôliers, des commandants de forteresses; de ceux que l'on nomme aujourd'hui les directeurs de prisons centrales.

Pérégrinations d'un geôlier et de son détenu

En 1681, M. de Saint-Mars est nommé gouverneur du château d'Exilles dans les Alpes. Mais il ne part pas seul. Si son auguste détenu, l'ancien ministre Fouquet, est mort l'année précédente dans cette lugubre citadelle, il emmène avec lui son autre prisonnier, celui dont il doit taire le nom, celui qui doit être secrètement gardé.

M. de Saint-Mars restera six années durant à la tête de la geôle d'Exilles. Pendant ces six longues années, les deux hommes vont partager une vie difficile, en un lieu où les hivers sont glacials et les étés torrides… avant qu'une nouvelle promotion ne les entraîne ensemble vers la Méditerranée, sur l'île de Sainte-Marguerite.

Situé à quelques encablures de Cannes, l'archipel des îles de Lérins est constitué de deux îlots sur lesquels des moines sont venus s'installer dès le ve siècle. Saint Honorat et sainte Marguerite ont donné leurs noms à ces deux lopins de terre où vont se tourner bien des pages de notre histoire.

Ne retenons ici que la plus haute de ces îles, celle de Sainte-Marguerite, qui mesure à peine plus de trois kilomètres de long sur près de 900 mètres de large. Devenue de nos jours une réserve ornithologique, ce sont de drôles d'oiseaux qu'elle a vu débarquer sur son rivage en 1687 !

La lourde silhouette d'un fort se dresse au milieu de la verdure. Véritable gardien de pierre de cette île couverte de forêts, ce fort Sainte-Marguerite, également baptisé Fort Royal, a été construit à la demande de Richelieu avant que Vauban, le spécialiste des fortifications, ne vienne le restaurer pour en faire une prison d'État. Prison inattaquable, inexpugnable, confiée au savoir-faire de M. de Saint-Mars qui arrive donc accompagné de son prisonnier après un voyage peu commun.

D'incroyables précautions sont prises par le geôlier pour le transfert de l'homme mystérieux, car personne ne sait qui il est et surtout personne ne doit le savoir…

L'homme au masque de fer portait-il vraiment un masque... de fer ?

Saint-Mars prend des décisions drastiques : pour le transfert de l'homme au masque de fer d'Exilles à l'île Sainte-Marguerite, il demande à ce que le prisonnier soit placé dans une chaise à porteurs entièrement isolée des regards extérieurs par d'épaisses toiles et, de plus, il lui fait porter un masque. Mais ce masque était-il vraiment en fer ? Voltaire, pour accentuer le caractère dramatique de l'affaire, l'affirme : le masque était fait de ressorts d'acier.

> « *[...] On envoya dans le plus grand secret au château de l'île Sainte-Marguerite, dans la mer de Provence, un prisonnier inconnu, d'une taille au-dessus de l'ordinaire, jeune, et de la figure la plus noble. Ce prisonnier, dans la route, portait un masque dont la mentonnière avait des ressorts d'acier, qui lui laissaient la liberté de manger avec le masque sur son visage. On avait ordre de le tuer s'il se découvrait...* »

D'après les historiens cependant, le masque était de velours noir, tout aussi protecteur, mais plus léger à supporter. Pourtant la légende populaire est en marche, rien ne peut l'arrêter : l'histoire de « l'homme au masque de fer » commence !

Pour accompagner ce voyageur, les porteurs sont italiens et les quarante-cinq hommes en armes qui le surveillent ne doivent ni le regarder de près ni laisser approcher aucun curieux. Celui ou celle qui enfreint cet ordre le paiera de sa vie !

Une fois arrivé à bon port, cet « homme au masque de fer » va rester onze années dans la cellule numéro 5 du Fort Royal de l'île de Sainte-Marguerite. Un cachot qui se visite encore aujourd'hui.

C'est durant cette longue détention que va se dérouler l'épisode de « l'assiette », que raconte Voltaire dans *Le Siècle de Louis XIV*:

« Le gouverneur mettait lui-même les plats sur la table et ensuite se retirait après l'avoir enfermé... Un jour, le prisonnier écrivit avec un couteau sur une assiette d'argent et jeta l'assiette par la fenêtre, vers un bateau qui était au rivage, juste au pied de la tour. Un pêcheur à qui ce bateau appartenait, ramassa l'assiette et la rapporta au gouverneur. Celui-ci étonné demanda au pêcheur :
– Avez-vous lu ce qui est écrit sur cette assiette et quelqu'un l'a-t-il vue entre vos mains ?
– Je ne sais pas lire, répondit le pêcheur. Je viens de la trouver et personne ne l'a vue...
– Allez, lui dit-il, vous êtes bien heureux de ne savoir pas lire. »

Est-ce une histoire vraie ? Ou bien cet épisode est-il inventé par l'esprit vagabond du grand philosophe, comme son affirmation concernant le masque de fer ? Peu importe après tout, mais à la lecture de cette péripétie, on comprend mieux comment ce prisonnier d'État est devenu un véritable mythe.

Le temps s'écoule paisiblement sur ces rives de la Méditerranée, jusqu'à ce jour de 1698. Vieillissant mais toujours bon pied bon œil, M. de Saint-Mars reçoit une nouvelle promotion. On lui propose de devenir gouverneur de la Bastille, à Paris. Hésitant, il pèse le pour et le contre tout en sachant qu'un tel bâton de maréchal ne peut se refuser. Cette prison est la plus célèbre du royaume, mais il doit compter avec son prisonnier, cet éternel boulet qu'il traîne de citadelle en forteresse. Il a promis de s'en occuper jusqu'à son dernier souffle, et sans doute est-ce grâce à lui qu'il obtient de telles faveurs. Alors il ne réfléchit pas longtemps et accepte le poste. Une fois encore, il veille au transport de l'homme masqué.

La Bastille, ultime prison du Masque de fer !

La Bastille est un château fort construit dès le XIVe siècle aux portes de Paris, à la demande du roi Charles V qui souhaite renforcer la sécurité de la capitale. D'autres monuments de Paris comme le Châtelet, le Louvre ou la tour de Nesles ont été bâtis à la même époque, également dans le but de défendre Paris. Cette vaste citadelle se compose de huit grosses tours d'environ vingt-quatre mètres de hauteur, reliées entre elles par des murailles de la même hauteur et de trois mètres d'épaisseur. Le tout entouré d'un fossé de vingt-quatre mètres de large et de huit mètres de profondeur alimenté par les eaux de la Seine…

Bien des siècles après sa construction, Richelieu transforme cette fortification en prison d'État. De simples lettres de cachet permettent à nos rois d'y enfermer les indésirables. Parmi les prisonniers célèbres, citons Bernard Palissy, Nicolas Fouquet, le marquis de Sade et bien sûr notre Masque de fer !

C'est par une chaude journée du mois d'août 1698 que notre malheureux compagnon quitte les abords de Cannes, toujours caché et masqué, en compagnie de M. de Saint-Mars, le tout nouveau gouverneur de la Bastille. Après plusieurs jours de voyage, le 18 septembre, l'étrange équipée se présente devant la porte de la forteresse parisienne. Le numéro deux des lieux, Étienne du Junca, lieutenant du roi, les accueille. Étonné de voir arriver ce prisonnier masqué, Du Junca écrit dans son journal intime :

« … lequel il fait tenir toujours masqué, dont le nom ne se dit pas. »[2]

Car lui non plus ne doit connaître sous aucun prétexte l'identité de cet homme.

La Bastille est la dernière étape d'une époustouflante errance : cet homme au masque de fer y meurt cinq ans après son arrivée.

Naissance de l'énigme

L'homme au masque de fer n'avait pas rendu son dernier souffle que déjà une rumeur grondait autour de sa personne. Quoi de moins étonnant lorsque l'on connaît le mal que M. de Saint-Mars se donnait pour organiser les transferts de son mystérieux prisonnier d'une geôle à l'autre, et le secret qu'il imposait autour de cette personne, un secret tellement strict qu'il en devenait louche. Ainsi, on sait que Saint-Mars lui-même prend l'initiative de dissimuler le visage de son prisonnier sous un masque, en 1687. Dans le même temps, il prend des précautions inouïes et fait totalement réaménager la prison pour que l'homme soit complètement isolé, faisant savoir autour de lui qu'il ne connaît pas lui-même l'identité du détenu et qu'il a ordre de le tuer sur-le-champ s'il venait à révéler son nom. Paradoxalement, en mobilisant tellement d'énergie pour cacher l'identité de son prisonnier, M. de Saint-Mars est dans une certaine mesure lui-même à l'origine de la légende du Masque de fer. Peut-être Saint-Mars a-t-il voulu donner du

[2] Jean-Christian Petitfils

lustre à sa carrière et accroître l'importance de sa fonction en se montrant si prudent et a-t-il par là même contribué à faire naître l'énigme de l'homme au masque de fer...

Ainsi, l'existence de ce mystérieux prisonnier masqué ne passait pas non plus inaperçue à la Cour.

Dans une lettre de madame Palatine, belle-sœur de Louis XIV et « madame Indiscrétion de la Cour », adressée à Sophie de Hanovre en date du 10 octobre 1711, on lit :

« Je viens d'apprendre quelque chose d'extraordinaire ; un homme est resté de longues années à la Bastille et y est mort masqué. Il avait à ses côtés deux mousquetaires pour le tuer, s'il ôtait son masque. Il a mangé et dormi masqué. Il fallait sans doute que ce fût ainsi, car on l'a d'ailleurs très bien traité, bien logé et on lui a donné tout ce qu'il désirait. Il a communié masqué ; il était très dévot et lisait continuellement. On n'a jamais pu apprendre qui il était. »

À la même, le 22 octobre 1711 :

« Je viens d'apprendre quel était l'homme masqué qui est mort à la Bastille. S'il a porté un masque, ce n'était point par barbarie : c'était un mylord anglais qui avait été mêlé à l'affaire du duc de Berwick contre le roi Guillaume. Il est mort afin que ce roi ne pût jamais apprendre ce qu'il était devenu. »

Plus tard, la marquise de La Rochejaquelein rapporte une conversation entre Louis XV et sa fille, Madame Victoire, à propos du Masque de fer. Madame Campan rapporte également une conversation entre Marie-Antoinette et Louis XVI sur ce sujet. Ainsi, cette histoire n'a cessé d'alimenter les indiscrétions de la Cour.

Le symbole de la tyrannie des rois

Mais si les choses en étaient restées là, l'histoire de l'homme au masque de fer se serait diluée dans les cancans de la Cour et se serait vite fait oublier. C'était compter sans Voltaire et ses camarades des Lumières. Avec Voltaire, l'homme au masque de fer devient, au même titre que la Bastille, le symbole de l'arbitraire royal, de l'illégitimité de la lettre de cachet. Voltaire, qui a connu lui-même les cachots de la Bastille, y aurait entendu l'histoire de l'homme au masque de fer, parmi les légendes et les histoires qui circulaient parmi les prisonniers. Il ne s'est pas privé de s'en servir pour dénoncer l'illégitimité du pouvoir royal. Au XIXe siècle, les romantiques ont aussi aimé cette histoire, le malheur et le désespoir infini dans lesquels, selon eux, le pauvre Masque de fer a été plongé sa vie durant. Les romanciers, à leur tour, se sont emparés du destin de l'homme au masque de fer : ainsi Alexandre Dumas et plus récemment Juliette Benzoni. Les cinéastes ne sont pas en reste non plus : il existe de nombreuses interprétations des malheurs de l'homme au masque de fer. Ainsi, en 1999, Leonardo di Caprio tient le rôle titre dans le film de Randall Wallace.

Dans cette affaire déformée par les rumeurs de la Cour, récupérée par les Lumières et par les romanciers, il est bien difficile de démêler le faux du vrai. Alors comment connaître la véritable identité de l'homme au masque de fer ? Faisons comparaître les différents « suspects » devant le tribunal des historiens...

Monsieur du Junca, le premier enquêteur

Les hypothèses loufoques balayées, passons en revue les identités vraisemblables du mystérieux homme au masque de fer.

Grâce notamment à la correspondance de Saint-Mars et aux différents registres d'écrou, les historiens ont essayé de découvrir son identité. Mais c'est M. du Junca qui essaya le premier de percer le mystère. Il prend la plume pour nous raconter les derniers instants de l'homme au masque de fer, en 1703 :

> *« Du même jour lundi 19e de novembre, ce prisonnier inconnu toujours masqué d'un masque de velours noir, que monsieur de Saint-Mars, gouverneur, avait amené avec lui, en venant des îles Sainte-Marguerite, qu'il gardait depuis longtemps, lequel s'étant trouvé hier un peu mal en sortant de la messe, il est mort le jour d'hui sur les dix heures du soir, sans avoir eu une grande maladie... Ce prisonnier inconnu gardé depuis si longtemps a été enterré le mardi à quatre heures de l'après-midi, 20 novembre, dans le cimetière Saint-Paul, notre paroisse... »*

Du Junca ajoute qu'il connaît le nom sous lequel il a été inscrit sur le registre mortuaire : d'après lui, il s'agit d'un certain M. de Marchiel. Or Du Junca semble avoir mal orthographié ce nom, puisqu'il s'agit en fait de M. de Marchioly ! Grâce à ces souvenirs et à ce texte laissé par ce lieutenant du roi, le voile est levé : bas les masques, ou plutôt bas LE masque, l'identité de l'homme au masque de fer est connue ! Plus de mystère, l'énigme serait-elle résolue ?

Non, ce serait trop simple. Si, depuis plus de trois siècles, cette histoire hante la mémoire des hommes, c'est qu'il existe encore des questions primordiales, essentielles, restées sans réponse.

Qui est donc ce M. de Marchioly et pourquoi a-t-il été enfermé ?

Et si ce n'est pas lui l'homme au masque de fer, alors qui est-ce ?

Les suggestions ont été nombreuses, souvent extravagantes, parfois crédibles. Tentons de mener l'enquête.

Et si Louis XIV avait eu un frère ?

Quelques années après la disparition de l'homme masqué, les premières tentatives d'explications concernant sa véritable identité naissent et se propagent. Selon les rumeurs de la Cour, l'homme au masque de fer serait un agent jacobite nommé Hunt, mêlé à une tentative d'assassinat de Guillaume III, arrêté à Calais en 1698, envoyé à Sainte-Marguerite, transféré en 1707 à la Bastille où il est probablement mort en 1709. Mais cette rumeur a été démentie.

L'hypothèse qui a été pendant longtemps, murmurée, susurrée, transmise avec la plus grande discrétion, avant d'être criée en place publique, est celle de l'existence du frère aîné de Louis XIV.

Imaginez le scandale : si le Roi-Soleil a bien un frère aîné, c'est à lui que revient le trône, car c'est à l'aîné de succéder au père... À coup sûr une telle annonce plongerait le royaume dans la guerre civile ; les uns prenant fait et cause pour Louis XIV, déjà sur le trône, les autres cherchant à faire reconnaître le droit d'aînesse de son frère.

Éviter ce drame suffit à expliquer pourquoi ce frère aîné, qui serait né des amours illégitimes entre la reine Anne d'Autriche et l'un de ses amants, a été caché derrière un masque à la vue de ses contemporains !

Dans le même temps, une autre version s'impose : celle de l'existence, non plus d'un frère aîné, mais d'un frère jumeau !

L'histoire se corse, le drame s'épaissit d'autant que certains textes viennent appuyer cette thèse, comme *Les Mémoires du duc de Richelieu,* écrits à l'époque de la Révolution par l'abbé Soulavie. Ce duc de Richelieu était le petit-neveu du grand cardinal. Homme puissant, il est devenu le favori de Louis XV. Chef militaire courageux, il reçut le bâton de maréchal en 1748, à l'âge de 52 ans.

Mais retrouvons la plume de l'abbé Soulavie qui nous raconte cet événement troublant :

«... Déjà depuis longtemps le roi [il s'agit ici de Louis XIII] était averti par prophéties que sa femme ferait deux fils, car il était venu depuis plusieurs jours des pâtres à Paris qui disaient en avoir eu inspiration divine, si bien qu'il se disait dans Paris que si la reine accouchait de deux dauphins, comme on l'avait prédit, ce serait le comble du malheur de l'État... Le Cardinal [l'auteur nous parle de Richelieu], à qui le roi, par un messager, avait fait savoir cette prophétie, avait répondu qu'il fallait s'en aviser : que la naissance de deux dauphins n'était pas une chose impossible, et que dans ce cas il fallait soigneusement cacher le second, parce qu'il pourrait, à l'avenir, vouloir être roi, combattre son frère pour soutenir une nouvelle ligue dans l'État, et régner... Ce qui avait été prédit arriva, et la reine accoucha pendant le souper du roi d'un dauphin plus mignard et plus beau que le premier... »

Les affirmations sont très précises et deux siècles et demi plus tard, le romancier Marcel Pagnol s'est fait l'écho de ces dires, en nous racontant cette page peu connue de notre histoire.

Le 5 septembre 1638, vers midi, devant presque toute la Cour, la reine Anne d'Autriche donne naissance à un petit garçon, le futur Louis XIV. L'enfant est présenté quelques heures plus tard à la foule...

Vers 19 heures, tandis que la reine se repose dans sa chambre, Louis XIII décide de passer à table pour souper. Tout heureux d'avoir enfin un fils, il invite à ses côtés son « Premier ministre », le cardinal de Richelieu, et quelques membres de son entourage. À peine ont-ils commencé leur repas qu'une dame d'honneur vient demander au roi de se rendre auprès de son épouse. Louis XIII s'exécute et, quand il entre dans la chambre d'Anne d'Autriche, on lui présente un second fils né quelques instants plus tôt. Immédiatement c'est le branle-bas de combat. Le roi se retire avec le Cardinal et, ensemble, ils prennent de rapides décisions. Il faut absolument garder secrète cette double naissance. Il est impossible de laisser courir la nouvelle à la Cour et dans le royaume, les risques sont trop importants, trop graves pour l'avenir de la couronne...

Sans entrer dans tous les détails, sachez que l'histoire ne s'arrête pas là. Car ce jumeau né en seconde position, est en fait... l'aîné, celui qui a été conçu en premier ! Pourtant, le nouveau-né est rapidement caché au regard du monde. L'enfant est placé chez une nourrice, puis il est envoyé en Angleterre d'où il reviendra pour réclamer son dû des années plus tard. C'est alors qu'il sera arrêté, emprisonné et confié à la garde de M. de Saint-Mars. Telle serait l'histoire...

Ce frère jumeau de Louis XIV va donc vivre le reste de son existence à l'ombre du Roi-Soleil ! Même si cette incroyable histoire est très présente dans la mémoire collective, notamment parce que des écrivains comme Michelet, Alexandre Dumas ou Victor Hugo s'en sont fait le relais, elle n'a pas résisté aux travaux des historiens tout comme la thèse de l'existence d'un frère aîné.

En effet, il est très difficile de croire que la reine, toujours épiée et surveillée par la Cour, ait pu cacher une première grossesse. Dans ces conditions, comment affirmer l'existence d'un frère aîné ? De même, pour la thèse du frère jumeau : avouons qu'il est impossible, pour une reine de France, d'accoucher discrètement d'un second enfant, quand on sait que l'étiquette permet la présence de près d'une centaine de personnes autour de sa chambre et dans sa chambre, dont les portes doivent rester ouvertes.

En outre les preuves formelles de telles affirmations n'existent pas. Seul nous est parvenu le texte des *Mémoires du duc de Richelieu* qui a été, comme par hasard, l'ami et le protecteur d'un certain… M. de Voltaire.

Pas étonnant, donc, de retrouver ces allégations reprises par notre philosophe, quand il se fait journaliste et historien. Dans une « Addition de l'éditeur » ajoutée à son livre *Questions sur l'Encyclopédie*, on découvre ces quelques mots : « … *Le Masque de fer était sans doute un frère, et un frère aîné de Louis XIV…* » Il n'est pas difficile de comprendre qui a guidé la main de cet éditeur.

Mais alors, si on ne retient pas ces propositions, nous voilà revenus au point de départ.

Si ce n'est pas un frère du Bourbon, qui se cache sous le masque ? Quelle personnalité a pu mériter un tel secret d'État ?

Pendant longtemps les tentatives d'explication se sont multipliées. On a parlé aussi d'un frère cadet de Louis XIV, ou d'un fils que le Roi-Soleil aurait eu avec madame de La Vallière… Mais aussi d'un sultan venu d'Orient, d'un chef religieux et même de Molière… sans oublier l'improbable histoire qui en fait l'ancêtre de Napoléon, permettant aux bonapartistes de parler de véritable filiation entre Henri IV, le premier des Bourbons, et l'Empereur. Décidément les idées ne manquent pas... et bien souvent le ridicule ne tue pas... Poursuivons donc notre enquête...

Les autres candidats au port du masque !

À partir du XIXe siècle, des travaux plus sérieux nous permettent d'avancer vers la vérité.

Qui est donc ce M. de Marchioly, enterré dans le cimetière Saint-Paul, à la nuit tombante et à la sauvette, ce 20 novembre 1703, comme l'écrit Étienne du Junca ?

Pour tenter d'y voir plus clair, il faut revenir en arrière. Quels sont les prisonniers placés sous la garde vigilante de Saint-Mars à Pignerol, première étape connue de notre héros ?

D'après les courriers et les notes, on peut estimer qu'ils sont sept à être enfermés dans la citadelle et le donjon de Pignerol. Il y a l'ancien ministre Fouquet, mais il meurt au mois de mars 1680. Reste donc six prisonniers. Parmi eux figure le comte de Lauzun, un homme plein de fougue, remuant, agaçant, qui a osé s'opposer à Louis XIV. Ce dernier a préféré éloigner ce trublion pour un temps.

Antonin Nompar de Caumont, comte de Lauzun, est né en 1633. Ambitieux courtisan, il obtient les faveurs de Louis XIV avant d'attirer ses foudres à la suite de propos indélicats à l'encontre de madame de Montespan, la maîtresse du roi. Arrêté au château de Saint-Germain en 1671, il est conduit à Pignerol par d'Artagnan, décidément chargé des plus hautes missions comme des plus basses besognes.

Dix ans plus tard, en avril 1681, Louis XIV accepte de lui rendre sa liberté. Devenu le duc de Lauzun, il meurt à Paris en 1723. Ce grand personnage n'est donc pas notre « Masque de fer ».

Il reste désormais cinq prisonniers : un moine ; un valet appelé La Rivière ; un espion du nom de Dubreuil ; un ancien ministre du duc de Mantoue, le comte Matthioli, et enfin un certain Eustache Danger. Ces cinq hommes ont été confiés à la garde de M. de Saint-Mars, et parmi eux se trouve probablement celui que nous recherchons… Il ne reste plus qu'à éplucher le *curriculum vitae* de chacun de ces messieurs pour le découvrir.

Oui, mais les choses ne sont pas si simples. Tout cela s'est déroulé il y a fort longtemps, il y a plus de trois cents ans, et nous manquons de documents exacts, de fiches signalétiques et autres registres d'écrou précis.

Tentons tout de même de suivre ces traces…

Un moine ? Un valet ?

Ce moine, tout d'abord, est arrivé à Pignerol en 1674. Personnage peu scrupuleux, il a tenté à plusieurs reprises d'entraîner certaines personnalités de la Cour dans ses expériences d'alchimiste. Pour éviter le scandale, il a été enfermé à la demande du roi et de son ministre Louvois. Deux ans après son arrivée, ce religieux est devenu fou. Il n'a jamais quitté sa geôle de Pignerol où il est mort en 1694. Ce n'est donc pas lui qui est mort masqué à la Bastille.

En voilà un de moins.

Deuxième suspect, le dénommé La Rivière, un valet qui n'a pas voulu abandonner son maître Nicolas Fouquet lors de son incarcération. Il l'a suivi jusqu'à Pignerol et, quand l'ancien surintendant des Finances est mort en 1680, La Rivière n'a pourtant pas été libéré. M. de Saint-Mars, persuadé qu'il en savait trop sur son prisonnier mystérieux, a préféré le garder au secret. Il l'a emmené avec lui au fort d'Exilles où il est mort en 1687.

Cette explication suffit à comprendre que ce n'est pas lui le Masque de fer. Encore un nom à rayer de notre liste. Il en reste trois, l'étau se resserre ! Mais avons-nous choisi la bonne piste ?

Peu importe, allons jusqu'au bout.

Dubreuil

Le troisième homme se nomme Dubreuil. Motif de son emprisonnement: la raison d'État encore une fois. Mais cette fois-ci, il semble que ce soit justifié ! Dubreuil est un espion français qui travaille pour l'armée. Le problème, c'est qu'il a voulu servir à la fois son roi et l'ennemi, désirant sans doute jouer sur les deux tableaux et empocher la mise des deux côtés. Seulement le « contre-espionnage » l'a démasqué et son avenir s'est rapidement assombri derrière les hauts murs de Pignerol. Les faits sont graves, la haute trahison est punissable, mais la traîtrise de Dubreuil ne justifie pas la prudence et les égards réservés à l'homme au masque de fer.

D'un trait de plume, nous pouvons biffer le nom de ~~Dubreuil~~ !

Parmi les cinq détenus encore présents à Pignerol durant l'année 1681, il ne nous reste plus que deux noms. Nous sommes proches du but, puisque nous avons une chance sur deux de découvrir la réponse à cette énigme.

Poursuivons…

Le comte Matthioli

Le quatrième prisonnier de la liste est le comte Matthioli.

Matthioli... Matthioli... Voilà un nom qui n'est pas inconnu dans cette affaire. Cette consonance italienne se rapproche du fameux M. de Marchioly évoqué dans le journal intime d'Étienne du Junca. Et si Marchioly était le nom volontairement modifié du comte Matthioli, histoire de brouiller les pistes ? Peut-être !

Voyons d'abord qui est ce comte que l'on présente comme un ancien ministre du duc de Mantoue.

Le comte Hercule-Antoine Matthioli s'est trouvé mêlé à une affaire d'État ou plus exactement, une affaire entre États. L'histoire est simple : Louis XIV désire acheter au duc Charles IV de Mantoue une forteresse située sur les rives du Pô. Pour faciliter les tractations, le comte Matthioli sert d'intermédiaire. La négociation est âpre, les deux parties ont du mal à se mettre d'accord. Finalement, l'affaire se conclut, un traité est secrètement signé entre le roi et le duc.

Mais le commissionnaire italien va commettre un faux pas en annonçant trop tôt, à certaines cours d'Europe, l'existence de cet arrangement. Il n'en faut pas plus pour irriter Louis XIV qui décide de le faire arrêter et de l'envoyer à Pignerol où il arrive en 1679.

Contrairement à d'autres prisonniers, le comte Matthioli ne suit pas M. de Saint-Mars lorsqu'il est muté au fort d'Exilles ; il ne viendra le rejoindre que sur l'île de Sainte-Marguerite. C'est peut-être là qu'il meurt en 1694... Ce n'est pas une certitude, mais une forte présomption.

Pourtant certains observateurs voient en ce Matthioli le « Masque de fer ». D'abord parce que son nom ressemble à celui inscrit sur le registre mortuaire évoqué par du Junca. Ensuite parce que son rôle d'intermédiaire, puis de traître, lui a permis de connaître des secrets de la plus haute importance en matière de politique étrangère. Il doit disparaître à tout jamais !

Mais alors, peut-on rétorquer, pourquoi ne pas l'avoir fait assassiner ? De plus, ceux qui contestent cette solution estiment que justement, la similitude entre les deux noms, Marchioly et Matthioli est trop flagrante. Si le pouvoir a vraiment souhaité le faire disparaître, il n'a pas pu être enseveli sous un patronyme aussi proche, aussi facile à retrouver et à recouper.

À moins que cette idée ne soit sortie d'un esprit machiavélique… Tout est possible !

Décidément, ce comte Hercule-Antoine Matthioli ne semble pas correspondre entièrement à notre énigmatique prisonnier. On a le sentiment que le portrait-robot de l'inconnu ne colle pas avec cette aventure.

Il nous reste donc un seul candidat à placer derrière ce masque.

Est-il la pièce manquante de notre puzzle historique ?

Est-il l'homme clé de cette affaire ?

Encore quelques lignes de patience…

Eustache Danger, notre dernière chance !

Le cinquième prisonnier de M. de Saint-Mars ne paraît pourtant pas être l'un de ces hauts personnages que l'on a longtemps imaginé derrière le masque de fer. Pourtant, quand il arrive à Pignerol, de nombreuses précautions semblent être prises…

À commencer par les instructions données par Louvois à Saint-Mars au moment de l'internement de ce dénommé Eustache Danger.

François Le Tellier, marquis de Louvois, est entré à 16 ans dans les bureaux ministériels de son père pour servir Louis XIV. Le roi sait le remercier de ses bons et loyaux services en lui offrant notamment le poste de ministre d'État en charge de la Guerre. Il s'occupe des armées et des soldats mais aussi des espions, des traîtres et de tous les emprisonnés pour raison d'État. C'est donc Louvois qui écrit à M. de Saint-Mars en date du 19 juillet 1669 :

> « *Monsieur de Saint-Mars, le roi m'ayant commandé de faire conduire à Pignerol le nommé Eustache Danger, il est de la dernière importance à son service qu'il soit gardé avec une grande sûreté et qu'il ne puisse donner de ses nouvelles en nulle manière et par lettre à qui que ce soit...*
> *Il faudra que vous portiez vous-même à ce misérable, une fois le jour, de quoi vivre toute la journée et que vous n'écoutiez jamais, sous quelque prétexte que ce puisse être, ce qu'il voudra vous dire, le menaçant toujours de le faire mourir s'il vous ouvre jamais la bouche pour vous parler d'autre chose que de ses nécessités...* » Et Louvois d'ajouter : « [...] *observant que* [...] *ce n'est qu'un valet* [...] »

Il est tout de même étrange qu'un ministre d'État se charge avec autant d'acharnement de l'emprisonnement d'un modeste valet.

Il doit y avoir une raison... d'État !

Parce que les ordres sont clairs, nets et précis, ce prisonnier doit être impérativement mis au secret et personne ne doit avoir de contact avec lui. Mais qui est-il donc pour mériter un tel traitement ?

Du valet Eustache Danger, on ne sait rien, sinon qu'il est arrêté à Calais au début du mois de juillet 1669. C'est un peu court, mais cela semble suffisant, aux yeux du pouvoir, pour en faire un détenu à vie ! Les précautions dont fait preuve à son égard M. de Saint-Mars, qui a ordre de lui interdire toute communication avec l'extérieur, laissent penser que ce valet a vu ou entendu quelque chose qu'il n'aurait pas dû voir ou entendre. Il a peut-être participé volontairement ou involontairement à une opération ultrasecrète ! Il a pris connaissance de documents qu'il ne doit jamais divulguer ! Tout est possible, tout est envisageable.

Placé au secret, comme l'exige le courrier de Louvois, Eustache Danger est isolé des autres prisonniers. Au fil du temps, Saint-Mars imagine de le faire sortir un peu de son isolement et suggère de le placer comme valet auprès de Nicolas Fouquet. Sachant qu'ils sont tous deux condamnés à passer le reste de leur existence dans ces geôles, il pense qu'il n'y a aucun risque pour l'avenir. Il demande l'autorisation à Louvois, qui accepte, tout en précisant que le valet ne doit avoir aucun contact avec Lauzun, l'autre prisonnier célèbre de Pignerol. Car Lauzun, lui, n'est pas condamné à perpétuité, il pourra sortir un jour et ne doit donc rien savoir !

L'idée de M. de Saint-Mars est excellente, enfin le croit-on jusqu'au moment du décès de Fouquet. En fouillant sa cellule, un véritable petit trois-pièces, les gardiens découvrent un trou par lequel Fouquet pouvait aisément communiquer avec Lauzun.

La nouvelle, immédiatement transmise à Saint-Mars, fait l'effet d'une bombe. Les secrets dont il a la garde vont être colportés dès que Lauzun quittera Pignerol.

C'est impossible... Saint-Mars a promis... Alors que faire ?

Ne sachant pas ce que Danger a confié à Fouquet ni ce que Fouquet a répété à Lauzun, il doit prendre une décision dans l'urgence ! Il faut isoler à nouveau Eustache Danger et faire croire à M. le comte de Lauzun que ce valet a été libéré, et donc que ses secrets étaient sans importance. Sitôt dit, sitôt fait, Eustache Danger va sombrer dans l'anonymat le plus profond.

M. de Saint-Mars, qui a annoncé sa libération à Lauzun, va devoir le cacher au monde à chaque fois qu'il le changera de prison, suivant ses affectations. Eustache Danger, l'homme qu'il faut isoler pour Louvois, l'homme qu'il faut cacher pour Saint-Mars, est-il bien l'homme au masque de fer ?

C'est en tout cas, à ce jour, l'un des candidats les plus probables à ce rôle historique, même si les lourds secrets qu'il a emportés avec lui dans sa tombe restent inconnus !

L'énigme de l'homme au masque de fer peut encore faire rêver lecteurs et historiens. N'est-ce pas, après tout, son rôle ?

Bibliographie

BLUCHE, François, *Louis XIV*, Paris, Hachette, 1999.

DUFRESNE, Danielle et Claude, *Le Mystère du masque de fer*, Paris, Tallandier, 1998.

PAGNOL, Marcel, *Le Secret du Masque de fer*, Paris, Perrin, 2008.

PETITFILS, Jean-Christian, *Lauzon ou l'insolente séduction*, Paris, Éditions de Fallois, 1998.

PETITFILS, Jean-Christian, *Le Masque de fer : entre histoire et légende*, Paris, Perrin, 2004.

PETITFILS, Jean-Christian, *Louis XIV*, Paris, Le grand livre du mois, 2003.

RIGA, Jean-Étienne, *Le Masque de fer*, Paris, Marabout, 1996.

VOLTAIRE, *Le Siècle de Louis XIV*, Paris, Le Livre de Poche, 2005.

Chapitre 6

Le chevalier Charles Geneviève d'Éon, homme ou femme ?

Cette question s'est longuement posée de son vivant. Mais près de deux siècles après la disparition du chevalier, reste-t-elle une énigme ?

Non, bien sûr, si l'on en croit cette attestation écrite quelques heures après sa mort :

« Copie d'un certificat et de diverses déclarations à l'appui déposés en originaux chez monsieur Adair, demeurant à Londres, Charlotte Street Bloomsbury, n°12. "Je certifie par le présent que j'ai examiné et disséqué le corps du chevalier d'Éon, en présence de monsieur Adair, de monsieur Wilson, du père Élysée, et que j'ai trouvé les organes mâles de la génération parfaitement formés sous tous les rapports", Willman Street, le 23 mai 1810, Tho. Copeland, chirurgien. »

Voilà qui ne laisse place à aucun doute, la preuve est faite, le chevalier d'Éon est un homme. L'affaire est close… Ce chapitre peut donc se refermer ici…

Pourtant les choses ne sont pas si simples, comme le prouve un autre écrit. Dans un courrier adressé au comte de Vergennes, le ministre des Affaires étrangères de Louis XVI, le chevalier d'Éon écrit en effet ceci :

« Les agents cassèrent les portes, armoires, valises, pour me trouver et ne trouvèrent que mon cousin d'Éon de Mouloize qui était tranquillement à se chauffer au coin du feu avec madame Eldowes et une autre vieille dame. »

Cette autre dame n'est autre que le chevalier d'Éon en personne… Cette fois le chevalier avoue lui-même être une femme.

Alors que faut-il croire ? L'attestation écrite affirmant que le chevalier d'Éon est un homme n'est-il qu'un certificat de « complaisance » ? Charles Geneviève d'Éon est-il un chevalier ou est-elle une « chevalière » ?

Jugez-en vous même à travers le récit de la vie de notre héros, l'existence chevaleresque et grandiose d'un agent secret en jupon ou d'une espionne en gilet brodé !

Une naissance ambiguë ?

Notre héros voit le jour le 5 octobre 1728, à Tonnerre, en Bourgogne. Son père, Louis d'Éon de Beaumont, est directeur des domaines du roi. À peine ce joli bébé est-il né qu'il faut lui donner un prénom, ou plutôt des prénoms comme le veut la coutume : ce sera Charles-Geneviève. Ainsi, le nouveau-né portera un nom masculin et un nom féminin…

Est-ce à dire que dès qu'il a lancé au monde son premier cri, il existe une ambiguïté sur le sexe de ce nouveau-né ?

Non, ces deux prénoms ne sont que les premiers de la liste. Lorsque cet enfant est porté sur les fonts baptismaux, le surlendemain de sa naissance, le 7 octobre 1728, il porte son nom complet : Charles Geneviève Louis Auguste André Timothée d'Éon de Beaumont. Avec un tel nom, notre bébé est définitivement un homme !

Élevé pendant les premières années de sa vie dans sa Bourgogne natale, ce petit garçon apprend à lire et à écrire puis se plonge dans les œuvres latines mais aussi dans les mathématiques. Ce jeune noble a une éducation semblable à celle de ses contemporains. À l'âge de 15 ans, il est convoqué par son père : celui-ci a décidé de confier son avenir à un oncle qui habite Paris et qui accepte de prendre en main le jeune homme. Cet oncle accueillant est parvenu à lui trouver une place au fameux collège des Quatre Nations, créé par le cardinal Mazarin.

L'histoire de ce lieu mythique débute au mois de mars 1661, à la mort du puissant cardinal. Mazarin souhaite, dans son testament, la création d'un collège qui sera baptisé « des Quatre Nations » en référence aux quatre pays annexés sous son ministère : les Flandres, l'Alsace, Pignerol et le Roussillon. Les élèves choisis, soixante jeunes gentilshommes, doivent être logés, nourris et instruits gratuitement. De plus, feu le cardinal offre à ce collège sa bibliothèque personnelle, qui deviendra la bibliothèque Mazarine.

C'est le grand ministre Colbert qui est chargé de réaliser les souhaits du défunt. Le legs laissé pour cette œuvre est de deux millions de livres, une somme tout juste suffisante pour la construction de l'édifice, confiée au grand architecte Le Vau. Après bien des hésitations, c'est à l'emplacement de l'ancienne tour de Nesle, rendue tristement célèbre à l'époque des fameux « Rois Maudits » évoqués par Maurice Druon, que va se dresser ce bâtiment. Face au Louvre, sur la rive gauche de la Seine, Le Vau prévoit un édifice en demi-lune... Ses plans sont approuvés par le roi. Le collège des Quatre Nations peut enfin ouvrir ses portes en 1688.

C'est donc dans cette institution, qui existe déjà depuis plus d'un demi-siècle, que Charles Geneviève d'Éon de Beaumont débarque un beau matin de 1743. Quatre années d'études lui permettent non seulement d'approfondir ses connaissances intellectuelles mais aussi de devenir l'une des plus fines lames de sa promotion ; il prouvera par la suite qu'il est l'un des meilleurs bretteurs du royaume.

Après ce passage au collège des Quatre Nations, il fait une année de droit en la faculté de la rue Saint-Jean-de-Beauvais avant de se lancer dans la vie active.

Un avenir tout tracé

Son diplôme de droit civil et de droit canon en poche, Charles Geneviève d'Éon de Beaumont est inscrit comme avocat au Parlement de Paris, mais c'est sa plume qui va le faire connaître des milieux influents !

Il écrit en effet une véritable thèse sur les finances royales durant le règne de Louis XIV, intitulée : « *Essai historique sur les différentes situations financières de la France sous Louis XIV et la régence du duc d'Orléans* ». Le roi Louis XV remarque ce travail, et Charles Geneviève est nommé censeur royal pour l'histoire et les belles-lettres. Le fond et la forme de cet ouvrage attirent également les regards bienveillants de la haute société ; il n'est donc pas étonnant de retrouver Charles Geneviève invité dans les dîners les plus chic et les salons les plus réputés.

Un soir de 1755, il se trouve convié chez le duc de Nivernais. L'ambiance est gaie, les traits d'esprit fusent et, parmi les invités présents, se trouve la comtesse de Rochefort. Au détour de la conversation, l'un des convives évoque le bal organisé par la Cour pour fêter le carnaval. Chacun parle de cet événement majeur de la saison comme d'un rendez-vous qu'il ne faut manquer sous aucun prétexte. Tout à coup, l'une des personnes présentes lance l'idée de s'y rendre tous ensemble, histoire de s'amuser un peu plus, et ajoute : « Joignez-vous à nous, Charles Geneviève». Notre héros ne se fait pas prier, mais pour ce bal du carnaval, il lui faut un déguisement. «Et pourquoi ne pas vous déguiser en femme ?» interroge l'un de ses voisins… Bonne idée, l'affaire est lancée ! Je ne crois pas si bien dire quand on en connaît les conséquences futures.

Rendez-vous est pris pour se rendre à la cour de Louis XV, au château de Versailles.

Ce château est décidément le fleuron de notre patrimoine et Louis XV est en la matière un digne descendant de ses ancêtres Bourbons.

En son temps, le bon roi Henri IV est venu chasser dans cette vaste forêt, sans autre intérêt que celui de délaisser la Cour, ses passions, ses intrigues, ses soucis, pour une joie simple, celle de débusquer le gibier et de rentrer avec un trophée.

Son fils Louis XIII semble avoir été bercé par Diane, la déesse de la chasse. Dès son plus jeune âge, il chevauche sa petite monture et part dans les immenses bois qui entourent Versailles. Ses tableaux de chasse sont éloquents. Devenu roi à l'âge de 8 ans, après l'assassinat de son père, Louis XIII n'abandonne pas pour autant sa passion. Il quitte ses résidences du Louvre ou de Saint-Germain pour se précipiter dans les bois et suivre les traces laissées par de petits ou gros gibiers, qu'ils soient à plumes ou à poils. Bien souvent retenu par ces courses folles, le souverain est obligé de coucher dans une auberge ou entre les murs d'un château en ruine.

Ces haltes improvisées le conduisent à se faire bâtir un logis plus digne de sa personne. La gentilhommière qui sort de terre à partir de 1624 est vouée à un avenir sans précédent. C'est dans ce modeste rendez-vous de chasse que Louis XIII reçoit le cardinal de Richelieu le 10 novembre 1630 pour lui annoncer qu'il conserve toute sa confiance malgré les attaques qui le harcèlent de toutes parts. Cette journée des Dupes marque en revanche la disgrâce de la reine mère, Marie de Médicis.

Toujours attiré par ces sites enchanteurs, Louis XIII confie à l'architecte Philibert Le Roy la construction d'un palais plus grand. Dix ans plus tard, le roi disparaît à 42 ans, laissant le trône à son fils aîné, Louis Dieudonné, un garçonnet de 5 ans seulement. Le très jeune âge du nouveau roi fait sombrer Versailles dans l'oubli pour une vingtaine d'années. Mais les souvenirs ne s'effacent pas si facilement de la mémoire. Quand Louis XIV prend les rênes du pouvoir après la mort du cardinal Mazarin, il souhaite donner au petit château de son père des jardins d'exception. Il demande à André Le Nôtre, qui a redessiné les jardins des Tuileries, de travailler sur ce projet. Mais ce bel écrin ne suffit pas au rayonnement du Roi-Soleil. D'importants travaux d'agrandissement vont faire de cette demeure un vaste palais où pourront loger sa famille, toute la Cour et son gouvernement. L'architecte Louis Le Vau, le créateur du château de Vaux-le-Vicomte qui a tant impressionné Louis XIV, est en charge de ce gigantesque chantier. Au grand dam de Colbert, inquiet pour les finances de l'État…

C'est donc dans le cadre majestueux du château de Versailles que se déroule ce bal de carnaval. L'histoire ou peut-être est-ce plutôt la légende, raconte que le roi Louis XV lui-même serait tombé, ce soir-là, sous le charme de cette demoiselle qui va vite se révéler être Charles Geneviève d'Éon. Surpris par cette méprise, le souverain lui aurait promis de recevoir très vite de ses nouvelles.

Une carrière d'espion prometteuse

En ce milieu du XVIIIe siècle, les relations officielles et diplomatiques entre la France et la Russie sont chaotiques, voire inexistantes. Les ambassadeurs français ne sont pas bien en cour auprès de la tsarine Élisabeth Petrovna, la fille du tsar Pierre le Grand, dont l'entourage semble attiré par une alliance avec l'Angleterre. Or, Louis XV a besoin de retisser des liens avec l'Empire russe. Il veut mettre en place de nouvelles alliances qui lui permettront de naviguer dans les eaux troubles de la politique européenne. Mais comment renouer avec la tsarine Élisabeth ? Qui envoyer à l'autre bout de l'Europe pour cette tâche délicate ? Qui va-t-on sacrifier sur l'autel de la diplomatie ? Surtout quand on connaît le sort réservé aux diplomates français qui n'ont pas plu aux ministres russes et qui passent quelques mois abandonnés dans des geôles peu plaisantes.

Comme tous ces messieurs envoyés en Russie ne sont pas parvenus à des résultats probants, pourquoi ne pas dépêcher une femme ? Ou plutôt, un homme déguisé en femme ?

L'idée est rapidement retenue, d'autant que cet homme ou cette femme, disons plus simplement ce futur diplomate, existe. C'est en tout cas ce que pense le prince de Conti, chargé par le roi de cette délicate affaire. Il connaît la personne qui peut correspondre parfaitement à ce profil étonnant : Charles Geneviève d'Éon de Beaumont est l'homme de la situation, celui qui peut se transformer en une femme délicate et peut-être réussir à approcher la tsarine sans tomber dans les pièges tendus par les défenseurs russes du parti anglais.

Le roi est d'accord, le jeune Bourguignon aussi. Il s'affilie au « secret du roi », officine qui pourrait être l'ancêtre des services secrets, et il ne lui reste plus qu'à revêtir une robe, prendre le nom de mademoiselle Lia de Beaumont et monter dans une voiture de poste.

C'est chose faite en ce mois de juillet 1755. Après avoir traversé l'Europe d'ouest en est, elle arrive enfin à Saint-Pétersbourg. Dans ses bagages se trouve un livre, *L'Esprit des lois* de Montesquieu.

Dans la doublure de la reliure, mademoiselle Lia de Beaumont transporte une lettre du roi Louis XV qu'elle doit remettre impérativement en main propre à la tsarine.

Grâce à son charme et à son savoir-faire, elle réussit à entrer en contact direct avec Élisabeth. En ces temps heureux où le français est la langue officielle des cours et des diplomates européens, elle n'a pas de difficulté à se faire comprendre. Elle lui remet le précieux document et reçoit en échange une missive qu'elle glisse à nouveau dans la même cachette peu originale mais facile à occulter. Cette réponse est positive, Élisabeth remercie son «frère Louis XV» et lui suggère de lui envoyer un représentant officiel pour discuter d'un projet d'alliance.

Dès cette époque, l'on commence à se poser des questions. Charles Geneviève joue la fille avec un tel talent que cela en devient troublant. Comment un homme déguisé en femme a-t-il pu abuser la tsarine, avec qui il a pourtant passé beaucoup de temps ? On remarque à ce moment que le chevalier est imberbe et qu'il semble avoir des formes avantageuses.

De retour à Versailles, Lia de Beaumont, redevenue Charles Geneviève d'Éon de Beaumont, apporte la bonne nouvelle. Monsieur de Conti est ravi, il ne s'est pas trompé sur son choix et le roi est aux anges: il a enfin pu établir le contact avec la Russie.

Mais ce n'est qu'une première étape. Il faut maintenant agir vite pour aller au bout de cette alliance, il faut transformer cet essai. La question se repose donc. Qui envoyer pour cette mission de la plus haute importance ?

Et pourquoi pas ce fidèle serviteur qui a si bien réussi lors de sa première tentative ? Comment, renvoyer en Russie mademoiselle Lia de Beaumont ? Cette fois, elle risque de se faire repérer par les ennemis de la France.

Non, il faut jouer plus finement, confier cette tâche à son double : Charles Geneviève se présentera en homme, en envoyé spécial de Sa Majesté le roi de France.

La décision prise, Éon de Beaumont refait ses malles et retraverse l'Europe. Quelques mois plus tard, il rentre de Russie avec en poche un accord en bonne et due forme, un traité d'alliance entre la Russie et la France signé par la tsarine Élisabeth.

Le roi est heureux, il va pouvoir mener une nouvelle politique. Il remercie son représentant, lui remet une magnifique tabatière en or portant son royal portrait et lui décerne un brevet de lieutenant de dragons.

Dragon, un nom qui peut paraître terrifiant pour un personnage qui semble si doux… si féminin !

Un excellent homme d'armes

Ce nom de « dragon » s'inspire sans aucun doute de ce monstre ailé légendaire qui crache du feu et terrorise des populations entières. Un animal mythique qui offre son nom à ces militaires rapides dans leurs déplacements, dont l'apparition sème la terreur !

Ce terme de dragon disparaît au profit de celui d'arquebusier à cheval, de carabin ou d'argoulet, jusqu'au règne de Louis XIII et plus exactement au cours de l'année 1635, où il réapparaît à l'occasion de la levée de six nouveaux régiments d'arquebusiers à cheval auxquels il est attribué. Mais c'est sous le règne de Louis XIV que les régiments de dragons sont devenus célèbres tant leurs exploits ont impressionné le jeune Roi-Soleil.

L'efficacité de cette troupe très spécifique, dont la formation est à la fois équestre et pédestre, tient au fait que ses hommes agissent en « enfants perdus ». Les dragons doivent exécuter à la fois des escarmouches, des actions de harcèlement, des ouvertures de chemins et la couverture des troupes et des convois en marche. Au cours du long règne de Louis XIV, le marquis de Louvois, secrétaire d'État à la Guerre, porte le nombre de régiments à quatorze en 1678, puis à quarante-trois, dix ans plus tard. Époque où ils commettent les affreuses « dragonnades », véritables opérations militaires de guerre civile destinées à convertir, par la force, les protestants au catholicisme.

Sous le règne de Louis XV, les dragons sont des soldats au service du roi. Comme tous les autres militaires, ils ne ménagent pas leurs efforts et Charles Geneviève d'Éon de Beaumont se bat comme les autres. Sorti avec un brevet de lieutenant de son entrevue avec Louis XV, il obtient rapidement ses galons de capitaine des dragons.

Il faut dire que la guerre fait rage, née d'un renversement d'alliances dû, en partie, aux efforts diplomatiques de mademoiselle Lia de Beaumont. L'Europe se déchire. Le continent est à feu et à sang.

Cette guerre, qui dure de 1756 à 1763, sera connue sous le nom de guerre de Sept Ans. La rivalité commerciale qui opposait la France et l'Angleterre s'est envenimée en une guerre qui entraîne l'Autriche, la Suède, l'Espagne, la Saxe et bien sûr la Russie aux côtés de la France, tandis que l'Angleterre est soutenue par la Prusse et le Hanovre. Cette guerre se déroule à la fois sur le vieux continent et sur les océans. La marine anglaise parvient à maîtriser les mers et à organiser le blocus des colonies françaises d'Amérique.

Cette lutte sans merci tournant à son désavantage, Louis XV est contraint de signer le « traité de Paris », abandonnant à ses ennemis les colonies canadiennes de Québec et de Montréal, les colonies situées à l'est du Mississippi et les possessions des Indes en dehors des cinq comptoirs, devenus célèbres, de Pondichéry, Karikal, Chandernagor, Yanaon et Mahé.

Dans cette désastreuse période de notre histoire, le capitaine d'Éon de Beaumont est fait chevalier en recevant la croix de l'ordre de Saint-Louis. Cet homme courageux, dévoué et décoré, va pouvoir reprendre sa carrière diplomatique.

Une nouvelle affectation

Reprendre son costume de diplomate ne déplaît pas à Charles Geneviève. Cette fois, il n'est plus question de Saint-Pétersbourg, de la Russie ou de la tsarine Élisabeth Petrovna, morte à la fin de cette « Guerre de Sept Ans », laissant son empire à l'un de ses neveux, Pierre III. La destination qui lui est offerte est l'Angleterre, à la fois si proche géographiquement et politiquement si lointaine. Il accompagne dans cette mission l'une de ses anciennes connaissances, le nouvel ambassadeur de France, le duc de Nivernais. Souvenez-vous, c'est chez lui, lors de l'un de ses dîners, que Charles Geneviève a été invité à participer au bal du carnaval à Versailles. C'est chez lui qu'il s'est décidé à se déguiser en femme, c'est donc chez lui que tout a commencé !

Ce nouveau départ séduit le chevalier, il pense à la place au soleil qu'il va pouvoir se faire de l'autre côté de la Manche, même si le brouillard et la pluie fine y sont les maîtres des cieux... Sans doute est-ce là trop d'optimisme, car il va très vite déchanter. Peu de temps après leur arrivée à Londres, l'ambassadeur, le duc de Nivernais, cède la place à son successeur, le comte de Guerchy. Or, monsieur le comte et monsieur le chevalier ne s'entendent pas ; le premier tente par tous les moyens de se séparer du second tandis que le second rêve d'obtenir la place du premier. Ce n'est pas simple. Cette situation rend la vie impossible à nos deux *gentlemen*.

Et pendant qu'ils se disputent, parfois violemment, Charles Geneviève continue d'écrire, car il n'a jamais abandonné ce passe-temps. Son fameux essai sur les finances au temps du Roi-Soleil, qui a fait sensation à l'époque, n'est pas resté sans suite. Depuis lors, le chevalier aime tremper sa plume tantôt dans l'encre, tantôt dans le vitriol. On lui doit quelques éloges, des mémoires, des notes, des traités mais aussi des souvenirs et quelques pièces relatant des épisodes diplomatiques auxquels il a participé. Tout cela n'est pas sans inquiéter le pouvoir à Paris, qui craint toujours quelques dérapages…

C'est finalement le Ciel qui met fin aux affrontements entre l'ambassadeur et son secrétaire, entre le comte et le chevalier, puisqu'en septembre 1767, Charles Louis François Régnier de Guerchy est rappelé à Dieu.

C'est à cette même époque que le chevalier d'Éon commence à revêtir des tenues féminines et à se faire connaître des Londoniens sous des noms aussi divers que miss Terry ou miss Woulfe. Cette résurrection de mademoiselle Lia de Beaumont, qui a fait jadis les beaux soirs de Saint-Pétersbourg, est-ce une nécessité ? Est-ce pour raison de service ? Ou par goût personnel ? Ce travestissement est-il utile pour obtenir des informations pour Sa Majesté ? Ou bien est-ce par passion ?

Ces questions se trouvent au centre de l'énigme du chevalier d'Éon. Une énigme qui s'épaissit, qui s'obscurcit quand on découvre que les Anglais eux-mêmes, se passionnant pour ce personnage, commencent à lancer des paris.

Il faut avouer qu'ils ont toujours aimé parier sur tout… sur le temps qu'il va faire, sur les exploits sportifs de telle ou telle équipe, sur la durée de vie de tel ou tel haut personnage. Ils parient, en quelques mois, des centaines de milliers de livres sterling sur le fait de savoir si ce représentant du gouvernement français est un homme ou une femme… Des parieurs trop curieux, trop indiscrets, se font remettre en place, certains sont même provoqués en duel par Éon de Beaumont, mais rien n'y fait, le sexe de ce personnage intrigue au plus haut point.

Toutes ces réponses apportées à l'énigme du chevalier d'Éon ne sont pas satisfaisantes, d'autant que les événements vont sans doute encore influencer sa façon de vivre.

Car il n'est pas au bout de ses peines, notre chevalier. Il va devoir subir les assauts d'un nouvel envoyé du roi, un homme plus connu pour ses exploits littéraires que pour ses qualités de diplomate, un homme qui va rendre cette histoire définitivement « rocambolesque ».

Un piège qui se referme

Le nouveau personnage de cette histoire n'est pas n'importe qui, puisqu'il s'agit d'un dénommé Beaumarchais.

C'est à Paris, le 24 janvier 1732, que Pierre Augustin Caron de Beaumarchais voit le jour. Ce fils d'un horloger se passionne à son tour pour ce métier de « mesureur du temps » et met au point un nouvel et ingénieux échappement pour les montres. Puis il s'intéresse à la musique, réussissant à perfectionner les harpes grâce à un judicieux dispositif de pédales. Après cela il se lance dans les affaires, où il va s'enrichir. À partir de 1767, Beaumarchais tente sa chance en littérature. Après quelques échecs et des succès d'estime, il écrit *Le Barbier de Séville* que la censure accepte mais que la troupe des Comédiens Italiens refuse de jouer. Cet opéra-comique est alors transformé en une pièce en cinq actes qui est créée à la Comédie-Française au mois de février 1775.

Le succès est immédiatement au rendez-vous, et Beaumarchais réfléchit longuement à la suite qu'il pourrait donner à cette première pièce ; suite qui permettrait de retrouver son héros, qui semble bien lui ressembler, un certain Figaro. Cette nouvelle pièce intitulée *Le mariage de Figaro* verra le jour, six ans plus tard.

Je dis bien « verra » car, entre-temps, notre littérateur est embauché par le roi Louis XV et envoyé à Londres, notamment pour approcher Charles Geneviève et lui demander de lui remettre des courriers et des notes qui pourraient compromettre le pouvoir, s'ils venaient à tomber entre des mains ennemies.

Une fois encore le courant ne passe pas vraiment entre les deux plénipotentiaires et Beaumarchais ne parvient pas à ses fins. Mais à l'occasion de ces entrevues, le père de *Figaro* apprend de la bouche du chevalier que le monde se trompe sur son compte depuis plusieurs années. Il est bien une femme et ses galons de capitaine des dragons ne changent rien à cette réalité. Cet aveu va bouleverser Beaumarchais et, dans ses comptes rendus, il ne va pas oublier de le mentionner. Ils vont même jusqu'à signer ensemble un véritable engagement qui va peser lourd sur l'avenir de Charles Geneviève. Il y est écrit notamment ceci :

> *« J'exige […] que le fantôme du chevalier d'Éon disparaisse entièrement, et qu'une déclaration publique, nette, précise et sans équivoque du véritable sexe de Charles Geneviève d'Éon de Beaumont, avant son arrivée en France, et la reprise de ses habits de fille, fixent à jamais les idées du public sur son compte […] Auxquelles*

conditions, je lui remettrai le sauf-conduit en parchemin [...] qui lui permet de revenir en France et d'y rester sous la sauvegarde spéciale de Sa Majesté... »

Pendant qu'à Londres se déroulent ces entretiens, à Paris, le roi Louis XV meurt de la petite vérole, laissant son trône à son petit-fils Louis XVI âgé de 20 ans, bien jeune pour porter de telles charges sur ses épaules. S'intéressant de près à la politique internationale, le nouveau souverain nomme Charles Gravier de Vergennes ministre des Affaires étrangères.

Avec ce changement notable à la tête du royaume, les aveux du chevalier et les documents envoyés par Beaumarchais deviennent des pièces majeures du dossier. Cette fois il n'est plus possible de faire marche arrière. Louis XVI ne veut plus rien entendre, il n'est plus question de parler du chevalier d'Éon, désormais c'est à la chevalière d'Éon qu'il demande des comptes. Les portes de la cour de Versailles lui sont ouvertes à condition qu'elle s'y présente en robe.

Éon de Beaumont n'a plus le choix : sans une garde-robe au sens propre, point de retour ! Malgré ces ordres précis, il voyage en uniforme de capitaine des dragons, mais, une fois parvenu sur le sol de France, il lui faut pourtant obéir.

Pourquoi obéir, peut-on se demander ? Pourquoi ne pas passer outre ces volontés royales et choisir en conscience ce qu'il préfère ? Éon de Beaumont doit-il courber l'échine jusqu'à la fin de son existence ?

Hélas oui, car il n'a guère de revenus personnels. Ayant toujours aimé une vie aisée, dans de beaux meubles, entouré de domestiques, il doit trouver l'argent nécessaire à ce fastueux train de vie. L'État a longtemps payé ses charges, tant qu'il représentait le roi. Maintenant les choses ont changé : son sexe l'écarte de l'armée, de la diplomatie, des affaires :

plus de mission secrète, plus d'espionnage à l'autre bout de l'Europe, plus de service à rendre !

Après quelques mois pénibles passés en France, mademoiselle d'Éon de Beaumont est appelée à Londres où ses créanciers menacent de vendre ses biens.

Il faut faire vite, elle doit traverser la Manche !

Une fin de vie difficile

Toujours méfiant, le ministre des Affaires étrangères, Vergennes, se demande si des documents importants ou des documents qui engageraient l'honneur de feu le roi Louis XV ou l'honneur de la France ne sont pas restés à Londres chez mademoiselle d'Éon. Ce soupçon suffit à accorder un laissez-passer à la chevalière qui entreprend son ultime voyage. Arrivée à Londres, elle sauve les meubles, mais se retrouve sans beaucoup d'argent. En cette année 1787, malgré ses cinquante-neuf ans, elle accepte pour survivre de participer à des tournois d'escrime. Pendant une dizaine d'années, ces duels vont lui rapporter à peine de quoi survivre, jusqu'au jour où cet excellent escrimeur tombe sur un bras plus fort, un combattant plus vif, plus doué. Ce fut l'assaut de trop.

Obligée de s'arrêter, mademoiselle d'Éon va être recueillie par une vieille amie, miss Cole, qui lui permet d'avoir un toit et un bon feu.

Sur le continent, les événements historiques se bousculent, la Révolution a éclaté puis Bonaparte est arrivé au pouvoir. Le vent de l'histoire se met à tourner, Éon de Beaumont pense le moment venu de se faire entendre par une oreille attentive. Mais les préoccupations de ses compatriotes sont à mille lieues de ses attentes. Chacun de ses courriers reste sans réponse.

Ses dernières années sont difficiles. Oubliée de tous, mademoiselle d'Éon meurt à Londres le 21 mai 1810, âgée de plus de 81 ans. Elle aura passé presque la moitié de sa vie dans le rôle d'une femme.

Des médecins, puis quinze témoins, viennent examiner son corps : c'est celui d'un homme. Pourquoi, à une époque où il était impossible pour une femme de faire carrière dans la diplomatie, l'armée ou les affaires, un homme ambitieux et dynamique comme le chevalier d'Éon aurait-il accepté d'être pris pour une femme durant tant d'années ?

À cette question, chacun apportera sa propre explication. En effet, la réponse est sans doute multiple : peut-être le chevalier a-t-il agi par goût du travestissement, peut-être par devoir dans un deuxième temps et par obligation dans un troisième temps ? En effet, la raison d'État l'a peut-être empêché de se justifier...

Mais sans ces sacrifices, parlerait-on encore, avec autant de passions, de Charles Geneviève Louis Auguste André Timothée d'Éon de Beaumont, à l'aube du XXIe siècle ?

Bibliographie

ANTOINE, Michel, *Louis XV*, Paris, Hachette Littératures, 1997.

BÉLY, Lucien, *Les relations internationales en Europe, XVII-XVIIIe siècles*, Paris, PUF, 1998.

BLUCHE, François, *Louis XV*, Paris, Perrin, 2003.

DE DECKER, Michel, *Le chevalier d'Eon*, Paris, éditions France-Empire, 1998.

GRZESIAK, Nathalie, *Le chevalier d'Eon : tout pour le roi*, Paris, Acropole, 2000.

KATES, Gary, *Monsieur d'Eon is a woman : a tale of political intrigue and sexual masquerade*, New York, Basicbooks, 1995.

MOREELS, Edith, *Le chevalier d'Eon, l'histoire du plus étrange espion de tous les temps*, Paris, Marabout, 1996.

STEINBERG, Sylvie, *La confusion des sexes : le travestissement de la Renaissance à la Révolution*, Paris, Fayard, 2001.

Chapitre 7

La Pérouse, un voyage pour l'éternité !

En ce mois de janvier 1788, dans les mers du Sud, un homme installé dans sa cabine prend sa plume et écrit ces quelques lignes qui viennent compléter le livre de bord qu'il ne cesse de remplir depuis son départ de Brest…

> *« Le 17, par 31° 28' de latitude sud et 159° 19' de longitude orientale, nous fûmes environnés d'une innombrable quantité de goélettes, qui nous faisaient soupçonner que nous passions auprès de quelque île ou rocher. Ces oiseaux nous suivirent jusqu'à quatre-vingts lieues de la Nouvelle-Hollande, et il est assez vraisemblable que nous avions laissé derrière nous quelque îlot ou rocher qui sert d'asile à ces sortes d'oiseaux ; car ils sont beaucoup moins nombreux auprès d'une terre habitée. Depuis l'île de Norfolk jusqu'à la vue de Botany Bay, nous sondâmes tous les soirs, en filant deux cents brasses, et nous ne commençâmes à trouver fond qu'à huit lieues de la côte, par quatre-vingt-dix brasses… Les vents devinrent alors très variables, et nous éprouvèrent, comme le capitaine Cook, et nous portèrent, chaque jour, quinze minutes au sud de notre estime ; en sorte que nous passâmes la journée du 24 à louvoyer à la vue de Botany Bay… Nous eûmes, ce même jour, un spectacle bien nouveau pour nous depuis notre départ de Manille : ce fut celui d'une flotte anglaise, mouillée dans Botany Bay, dont nous distinguions les flammes et les pavillons… Mais le temps fut si brumeux le lendemain, qu'il nous fut impossible de reconnaître la terre, et nous n'atteignîmes le mouillage que le 26 à neuf heures du matin. »*

L'homme qui s'exprime ainsi n'est autre que La Pérouse, le commandant d'une expédition incroyable, lancée sur toutes les mers du globe par la volonté du roi Louis XVI et de son entourage.

Mais ce brillant capitaine écrit là quelques-unes des dernières lignes qui nous soient parvenues. Cette ultime partie de son journal de bord a été rapportée à Versailles par des marins anglais.

Au début du mois de février 1788, il écrit encore un courrier adressé au ministre de la Marine, dans lequel il précise :

« Je remonterai aux Îles des amis et je ferai absolument ce qui m'est enjoint par mes instructions, relativement à la partie méridionale de la Nouvelle-Calédonie… »

Et puis… plus rien. Plus aucune nouvelle, plus de courrier, plus de journal de bord, plus d'information rapportée par d'autres marins… Le silence est total ! L'expédition menée par La Pérouse semble avoir disparu à jamais.

Il faudra attendre des décennies pour apprendre où s'est achevé son périple, et des siècles pour en rapporter les trésors.

Mais avant cela, retrouvons l'étonnante histoire d'un marin passionné et d'une expédition passionnante…

Un héros sans le savoir

L'homme clé de cette aventure se nomme Jean-François de Galaup, comte de La Pérouse. Il est né le 23 août 1741 près d'Albi, dans l'une des propriétés familiales, et si sa famille directe, dont la noblesse est attestée depuis le XVIe siècle, est une famille de « terriens », ayant donné des consuls, des avocats et des médecins, sa parentèle un peu plus éloignée compte des coloniaux et des navigateurs. Sans doute de quoi donner des idées d'aventures à cet aîné d'une fratrie de dix enfants.

Le jeune comte de La Pérouse passe son enfance près d'Albi où sa mère s'occupe de son éducation, ce qui ne l'empêche pas de suivre les cours d'une petite école voisine avant d'intégrer, à 9 ans, le collège des jésuites de ce futur chef-lieu du Tarn.

Ayant choisi de faire carrière dans la marine, Jean-François de La Pérouse arrive à Brest en 1756, il a 15 ans. Entré dans la garde marine, il se distingue rapidement et, quatre mois plus tard, embarque pour la première fois à bord du *Célèbre*, un navire qui appareille pour le Canada. Dans la foulée, il participe à quatre autres campagnes. En 1759, il combat sur le *Formidable*, dans l'escadre du maréchal de Conflans. Doté d'un grand courage, il est grièvement blessé et fait prisonnier des Anglais au combat de Belle-Isle.

C'est le début d'une longue succession de voyages, de missions et de commandements divers, puisqu'il est promu enseigne de vaisseau en 1764, fait chevalier de l'ordre de Saint-Louis en 1777 et nommé capitaine en 1780, quatre mois avant son 39e anniversaire…

La guerre d'Indépendance américaine, soutenue par Louis XVI, a alors commencé depuis trois ans lorsque La Pérouse se voit confier, en 1781, le commandement d'une expédition militaire destinée à s'emparer des établissements anglais de la baie d'Hudson et les détruire.

Pour cette mission, trois navires sont envoyés : le *Sceptre* commandé par La Pérouse, l'*Engageante* commandée par La Jaillet et l'*Astrée* commandée par Paul-Antoine de Langle.

C'est à cette occasion que La Pérouse et de Langle vont se lier d'une longue et sincère amitié que seule la mort viendra rompre quelques années plus tard…

En attendant, La Pérouse mène à bien sa mission sur cette terre d'Amérique. Il se saisit de ces possessions et les détruit non sans laisser aux Anglais présents sur place des vivres, des armes et des munitions pour éviter qu'ils ne meurent de faim et afin qu'ils puissent se défendre contre les attaques des Indiens.

Ce geste humain constitue l'un des traits marquants de son caractère.

Quelques mois après ses exploits outre-mer, en juillet 1783, Jean-François de Galaup, comte de La Pérouse, se marie discrètement en l'église Sainte-Marguerite, à Paris, avec Éléonore Broudou. Discrètement car ce mariage n'est pas du goût de tout le monde. Il est facile de s'en apercevoir en relisant cette lettre que lui a adressée son père :

> *« Vous me faites frémir, mon fils ! Eh quoi ! Ni dot, ni titre ! Ce mariage serait une calamité; il vous ferait perdre la protection des grands, la confiance du ministre, le suffrage de vos camarades, la considération de vos égaux et l'affection de vos parents... Un tel désastre pour une beauté frivole et de prétendus charmes qui n'existent peut-être que dans votre imagination ! »*

Mais que veut-il dire en évoquant ce manque de dot et de titre et en parlant de cette beauté frivole ?

Cette histoire d'amour a débuté en 1772, lorsque, à l'occasion de l'une de ses nombreuses missions, La Pérouse débarque sur l'île de France. Un nom qui n'a rien à voir avec la région parisienne mais plutôt avec une terre du bout du monde. Cette île a été occupée par les Hollandais en 1598, qui l'ont baptisée « Mauritius » en l'honneur de leur souverain Maurice de Nassau, prince d'Orange. Depuis 1710 et le départ des Hollandais, les Français s'y sont installés en lui donnant le nom d'île de France… C'est donc sur cette terre que nous connaissons encore aujourd'hui sous le nom d'île Maurice que se déroule la rencontre.

Éléonore Broudou est la fille d'un garde-màgasin de Port-Bourbon, elle a 15 ans, le jeune enseigne de vaisseau en a 31. Une véritable histoire d'amour débute sous les tropiques. Mais les deux tourtereaux savent les difficultés qu'ils vont devoir affronter. Les deux familles ne sont pas du même milieu, et le père du jeune marin le lui fait bien comprendre. Sans compter avec l'éloignement, les missions, les voyages…

Jean-François promet à Éléonore de l'épouser si elle vient en France.

Peu de temps après cette promesse, Jean-François de La Pérouse reprend la mer pour servir. Ce départ ne fait qu'attiser la flamme qui brûle dans le cœur d'Éléonore. Quelque temps plus tard, elle embarque à son tour pour l'Europe, et accoste au port de Lorient.

En France, ce sont des déceptions qui l'attendent. Elle commence par tomber malade, puis les pressions familiales semblent l'éloigner de Jean-François. Tandis qu'elle lui promet de l'attendre le temps qu'il faudra en s'installant dans un couvent du faubourg Saint-Antoine, à Paris, Jean-François, lui, se voit contraint d'épouser celle que ses parents ont choisie, une amie d'enfance.

Au dernier moment, faisant fi des arrangements paternels, il décide d'aller chercher Éléonore dans son couvent et l'épouse en ce mois de juillet 1783.

Deux ans plus tard, La Pérouse part pour un voyage sans retour…

De glorieux prédécesseurs

Les grands voyages à travers les mers, les grandes expéditions devenues plus scientifiques que militaires se sont multipliées depuis ce premier tour du monde accompli par le célèbre Magellan au XVIe siècle. Les rois et les États s'intéressent aux futures découvertes territoriales, pour des raisons politiques et économiques.

Et si les Anglais ont lancé de nombreux équipages sur les océans, il est nécessaire pour la France de poursuivre sa conquête...

Souvenons-nous des réussites comme cette expédition menée par Louis-Antoine de Bougainville avec l'accord du duc de Choiseul, ministre de la Guerre et de la Marine du roi Louis XV. Le ministre accepte de lui confier deux navires : la frégate la *Boudeuse* et la flûte l'*Étoile*. Ayant quitté Brest en décembre 1766, ces deux bâtiments franchissent tour à tour le détroit de Magellan et le cap de Bonne-Espérance. En trois ans de voyage, Bougainville visite Tahiti, les Samoa, les Grandes Cyclades et découvre un groupe d'îles au sud de la Nouvelle-Guinée...

De cette expédition et de son capitaine, nous conservons aussi le souvenir grâce à une fleur, découverte par Philibert Commerson, le botaniste du bord, qui a eu la gentillesse de la baptiser *Bugainvilla* et que nous connaissons sous le nom de bougainvillée...

Autre exemple d'expédition française réussie, avec un nouveau départ, sept ans plus tard. Cette fois le marin héroïque se nomme Yves-Joseph de Kerguelen de Trémarec. Ce Breton, tombé dans l'eau salée dès sa plus tendre enfance, participe à de nombreux voyages vers les Antilles, les côtes marocaines, l'Islande ou la Norvège. Passionné, il fait œuvre de scientifique et l'écrit :

> *« Dans tous les endroits de la terre où le service m'appelle, je sonde, j'observe et je tire la carte des côtes et des ports où je me trouve pour enrichir mon recueil. Malgré tout, je pense que la découverte de terres australes est un des objets les plus important pour la navigation, l'étendue du commerce et même la puissance de l'État ! »*

Yves-Joseph de Kerguelen va jusqu'au bout de son rêve. Il élabore un important projet d'exploration des terres australes et le roi Louis XV lui fait confiance à son tour. En mars 1773, le *Roland* et l'*Oiseau* quittent le port de Brest. Neuf mois plus tard, après quelques escales, ces navires et leur capitaine franchissent le 40e parallèle.

Enfin, le 14 décembre, une terre est en vue par 49°40' de latitude sud et 64°45' de longitude est. Ce n'est là que le début d'une découverte qui va durer un mois. Pour marquer son passage, avant de repartir, Kerguelen dépose à terre une bouteille contenant un parchemin…

Trois ans plus tard, le capitaine Cook retrouve ce message et décide de baptiser cette île « terre de Kerguelen », en hommage au marin français qui la découvrit le premier.

Autre héros des mers, ce capitaine Cook dont le souvenir va hanter en permanence l'esprit de La Pérouse. Il faut dire que James Cook, né en 1728, est un marin hors du commun. Fils d'un paysan, il est complètement autodidacte. Entré très jeune au service d'un marchand et armateur de Whitby, il choisit, en 1755, de s'engager comme simple mousse dans la Royal Navy. James Cook doit attendre ses 40 ans pour se voir confier une première mission d'importance, à Tahiti, en 1768, à l'occasion du passage annoncé de la planète Vénus devant le Soleil. Cette expédition doit permettre une observation précise de ce phénomène astronomique.

En 1772, la Société royale de Londres lui confie une deuxième grande mission, avec pour objectif la découverte des terres australes. Il quitte Plymouth avec deux corvettes: la *Résolution* et l'*Aventure* avec lesquelles il atteint la latitude sud de 71°10'. Il navigue trois ans dans les régions antarctiques sans pour autant atteindre le continent en question...

À nouveau félicité, promu capitaine de vaisseau, élu membre de la Société royale de Londres, James Cook se voit offrir le commandement d'une nouvelle expédition. L'objectif est de découvrir un passage au nord de l'Amérique. En juillet 1776, il quitte à nouveau Plymouth avec la *Résolution* et la *Discovery*, direction le cap de Bonne-Espérance. Puis il rejoint les îles de la Désolation qu'il baptise Kerguelen, passe par les Nouvelles-Hébrides avant d'atteindre un archipel de Polynésie qu'il nomme « Sandwich islands » en l'honneur de John Montaigu, comte de Sandwich et surtout premier lord de l'Amirauté. Remontant vers le nord, il longe l'Alaska et franchit le détroit de Béring, mais ne peut dépasser le 70° 44' de latitude nord et redescend vers le sud compléter son exploration des îles Sandwich.

Malheureusement, c'est là qu'en février 1779, le capitaine Cook est assassiné après un affrontement avec les îliens. Ces îles Sandwich sont devenues les îles Hawaï, l'un des cinquante États des États-Unis...

Les préparatifs de l'expédition La Pérouse

Lorsque la nouvelle du départ de la troisième expédition de Cook a été connue, la marine française a donné ordre à ses bâtiments de la respecter et de lui fournir toute l'aide nécessaire dont elle pourrait avoir besoin… Pourtant, dans l'esprit des scientifiques, des marins, des politiques, le monde a encore beaucoup à nous apprendre. Ce voyage du capitaine Cook ne peut en aucun cas offrir de réponse définitive à toutes leurs questions.

Depuis 1784, dans les hautes sphères du pouvoir, on estime qu'il est bon de réfléchir à l'organisation d'une expédition de reconnaissance des côtes nord-ouest et nord-est du Pacifique. La France veut participer, à sa façon, comme elle l'a fait depuis des siècles, à l'histoire de la navigation. La France doit se lancer dans cette course à la découverte de notre planète. La France doit organiser un nouveau tour du monde !

C'est en tout cas le souhait du roi Louis XVI. Digne petit-fils de Louis XV qui a envoyé en mission Bougainville ou Kerguelen, Louis XVI veut que cette expédition soit pacifique et scientifique. Il y tient et l'explique parfaitement à ses visiteurs.

Les instructions du roi révèlent la curiosité d'esprit et la soif de connaissances. Elles sont surtout remarquables par le souci civilisateur et pacifique dont elles témoignent. On peut ainsi lire :

> *« Si des circonstances, qu'il est prudent de prévoir dans une longue expédition, obligeaient jamais le sieur de La Pérouse de faire usage de la supériorité de ses armes sur celles des peuples sauvages, pour se procurer, malgré leur opposition, les objets nécessaires à la vie, tels que des substances, des bois, de l'eau, il n'userait de la force qu'avec la plus grande modération, et punirait très sévèrement ceux de ses gens qui auraient outrepassé ses ordres. »*

Louis XVI est un homme érudit, qui aime se cultiver, et qui est de plus passionné de géographie, comme il le prouvera quelques années plus tard en donnant des cours de géographie à son fils, le futur Louis XVII, dans la prison du Temple. Personnellement attaché au succès de cette mission, le roi tenait aussi à la vie de ses hommes. Ses instructions le révèlent, dans une formule qui paraît *a posteriori* cruellement ironique…

> *« Le roi regarderait comme un des succès les plus heureux de l'expédition, qu'elle pût être terminée sans qu'il en eût coûté la vie à un seul homme. »*

Mais alors, pourquoi le roi et son ministre ont-ils décidé de confier une telle mission à La Pérouse ? La petite histoire raconte que le capitaine a écrit au ministre de la Marine pour le prier de lui pardonner son mariage clandestin. Moyennant quoi, il lui réclame la faveur de « *faire le tour du monde pendant dix ans* ».

Plus sérieusement, on sait que Louis XVI s'est intéressé aux résultats de la mission qu'il lui avait confiée en 1781, vers la baie d'Hudson. Le souverain s'est penché sur les rapports écrits par ce brillant capitaine et il a été séduit. Souvenez-vous de sa grande mansuétude pour ces Anglais abandonnés auxquels il a laissé de quoi manger et se défendre. Tout cela va bien dans le sens de cette paix souhaitée par le roi.

Voilà pourquoi, au mois de mars 1785, Jean-François de Galaup, comte de La Pérouse, est convoqué par le maréchal de Castries, ministre de la Marine. Il apprend alors qu'il a été désigné pour mener à bien ce tour du monde pacifique, scientifique et artistique.

Il ne reste plus qu'à organiser cette expédition, car le départ est prévu pour dans moins de cinq mois !

Ce voyage extraordinaire est méticuleusement préparé par Louis XVI, assisté du savant Fleuriau. Il veille personnellement aux préparatifs et à l'itinéraire. Pour sa mise au point, les académies et les sociétés savantes sont interrogées et doivent apporter leurs lumières. Au cours des vingt-deux mois prévus pour cette expédition, La Pérouse doit donc faire le tour du monde. Sur sa route, il est notamment chargé de reconnaître la côte américaine, sur sa façade pacifique et toutes les côtes de l'Australie…

En lui donnant ce commandement, le ministre de la Marine lui offre une promotion. Il le nomme « brigadier des armées navales », et lui confie surtout deux navires, deux flûtes de 450 tonneaux chacune, mesurant 120 pieds de long et 27 pieds de large : le *Portefaix* et l'*Autruche*. Elles sont toutes deux promues frégates et rebaptisées pour l'occasion : le *Portefaix* devient la *Boussole* et l'*Autruche* devient l'*Astrolabe*.

La *Boussole* est commandée par La Pérouse, tandis que l'*Astrolabe* est placée sous le commandement de Paul-Antoine de Langle… ce de Langle qui était déjà aux côtés de La Pérouse dans la baie d'Hudson : les deux amis se retrouvent.

À bord de ces deux navires, sont entassés six mois de vivre, mais aussi des semences de végétaux, des dizaines d'arbustes, des milliers de peignes et des millions d'épingles pour servir de cadeaux. Sans oublier les cages à poules, les moutons, les cochons, les bovins destinés à la fois au troc et à la nourriture des hommes. L'équipage est composé de 250 marins et de nombreux scientifiques : astronome, physicien, interprète, botaniste, chirurgien… et parmi eux le jeune Barthélémy de Lesseps, âgé de 21 ans. Ce fils du consul général de Saint-Pétersbourg est embarqué comme interprète russe et va jouer un grand rôle dans cette aventure.

À noter que deux volontaires sont acceptés à bord : un dénommé Frédéric Broudou, le frère d'Éléonore, et Roux Darbaud, un élève de l'École militaire choisi à la place d'un certain Napoléon Bonaparte !

Imaginons ensemble un instant: que serait devenue l'Europe, si Napoléon était monté sur la *Boussole* ?

Toujours est-il que le 1er août 1785 la *Boussole* et l'*Astrolabe* quittent Brest pour un voyage sans retour.

Le départ de La Pérouse

L'émotion est perceptible dans la foule qui se presse dans la rade de Brest ce 1er août 1785. Voir ainsi ces parents, ces proches, ces marins partir vers l'inconnu pour un voyage de près de deux ans, il y a de quoi être inquiet. Si tout va bien, ils seront de retour au mois de juin 1787 !

Enfin, les vents d'ouest qui soufflent depuis plusieurs jours se calment, ce 1er août, et les navires peuvent larguer leurs amarres. Les deux frégates la *Boussole* et l'*Astrolabe* s'éloignent petit à petit pour ne plus devenir que deux petits points sur l'horizon de cet océan Atlantique...

Les débuts de ce voyage se déroulent parfaitement bien. Après un arrêt sur l'île de Madère, les voiles sont hissées de nouveau et le premier passage symbolique est franchi tranquillement. À ce propos, La Pérouse écrit dans son livre de bord:

« *Nous coupâmes l'équateur, le 29 septembre par 18 degrés de longitude occidentale; j'aurais désiré, d'après mes instructions, pouvoir le passer beaucoup plus à l'ouest; mais heureusement les vents nous portèrent toujours vers l'est...* »

L'année 1785 se passe dans les eaux de l'Atlantique et, au début de 1786, La Pérouse et ses équipages franchissent sans encombre le cap Horn pourtant de si mauvaise réputation... :

« Je doublai le cap Horn avec beaucoup plus de facilité que je n'aurais osé l'imaginer; je suis convaincu aujourd'hui que cette navigation est comme celle de toutes les latitudes élevées : les difficultés qu'on s'attend à rencontrer sont l'effet d'un ancien préjugé qui ne peut exister fort longtemps, et que la lecture du Voyage de l'amiral Anson n'a pas peu contribué à conserver parmi nos marins. »

Bref : RAS, rien à signaler, comme le diraient nos marins d'aujourd'hui !

Une fois doublé le sud du continent américain, une fois arrivés dans ces eaux pacifiques, comme les avait surnommées Magellan lors de son passage, les deux navires de l'expédition remontent vers le nord.

Ils arrivent alors en vue de l'une des premières étapes fixées au capitaine, qui nous décrit son approche :

*« Je prolongeai, pendant la nuit du 8 au 9 avril, la côte de l'île de Pâques, à trois lieues de distance : le temps était clair, et les vents avaient fait le tour du nord au sud-est dans moins de trois heures. Dès le point du jour, je fis route vers la baie de Cook : c'est celle de l'île qui est le plus à l'abri des vents du nord au sud, par l'est… À onze heures du matin, je n'étais plus qu'à une lieue du mouillage : l'*Astrolabe *avait déjà laissé tomber son ancre. Je mouillai très près de cette frégate… »*

Sur cette île, les scientifiques font leur travail, prennent des mesures et de nombreuses notes. Un dessinateur reproduit les célèbres statues tandis qu'un ingénieur géographe en fait un relevé minutieux. Chargé de diriger cette équipée, de Langle, le capitaine de l'*Astrolabe*, écrit :

« Nous partîmes à huit heures du matin, et nous fîmes d'abord deux lieues dans l'est vers l'intérieur de l'île. Le marcher était très

pénible à travers des collines couvertes de pierres volcaniques... Nous vîmes sur les bords de la mer des pyramides de pierres rangées à peu près comme des boulets dans un parc d'artillerie; et nous aperçûmes quelques ossements humains dans le voisinage de ces pyramides, et des statues qui toutes avaient le dos tourné vers la mer. Le temps avait fait sur elles plus ou moins de ravage, suivant leur ancienneté... »

Après une douzaine d'heures passées sur l'île de Pâques, le signal du départ est donné, direction les îles Sandwich. Le souvenir encore récent de la mort du capitaine Cook, sur ces îles, étreint le cœur de La Pérouse. C'était sept ans plus tôt !

Le devoir reprend le dessus, il faut poursuivre sa route vers d'autres lieux et d'autres rivages inconnus et peut-être dangereux...

Les premières épreuves

Remontant toujours vers le nord, l'expédition atteint l'Alaska et, au tout début du mois de juillet 1786, pénètre avec difficulté dans une baie encore inconnue des marins occidentaux et que La Pérouse baptise immédiatement: « Port des Français ». Une fois à l'abri, les marins se remettent au travail, sondent, évaluent et cherchent de nouveaux passages vers l'intérieur du continent. La Pérouse reprend sa plume pour nous l'expliquer:

« *C'est au fond de cette baie que nous espérions trouver des canaux par lesquels nous pourrions pénétrer dans l'intérieur de l'Amérique. Nous supposions qu'elle devait aboutir à une grande rivière, dont le cours pouvait se trouver entre deux montagnes, et que cette rivière prenait sa source dans un des grands lacs du Canada.* »

Pour mieux connaître l'environnement de cette baie et en relever le plan exact, de petites expéditions sont lancées. Le 13 juillet, vers 6 heures du matin, la biscaïenne de l'*Astrolabe* ainsi que la biscaïenne et un canot de la *Boussole* sont mis à l'eau. Avec toute la prudence nécessaire : tout est méticuleusement organisé et préparé, les hommes sont spécialement choisis. Jusque-là, l'expédition n'a perdu aucun homme, il faut que cela continue. C'est là la fierté de La Pérouse.

Alors quand, vers 10 heures du matin, le canot revient seul vers les frégates, La Pérouse craint le pire, et il a raison.

Laissons-le raconter ce qui s'est passé :

« Un peu surpris, parce que je ne l'attendais pas si tôt, je demandai à M. Boutin, avant qu'il fût monté à bord, s'il y avait quelque chose de nouveau ; je craignis dans ce premier instant quelque attaque des sauvages : l'air de M. Boutin n'était pas propre à me rassurer ; la plus vive douleur était peinte sur son visage. Il m'apprit bientôt le naufrage affreux dont il venait d'être le témoin… »

En accomplissant leur mission, les embarcations ont été prises dans de forts courants non loin de la passe. Entraînées par la marée montante, elles ont été renversées, brisées, broyées par les flots en fureur.

Malgré les recherches immédiatement entreprises, aucune trace de survivants n'a été retrouvée. La perte de vingt et un marins est un choc pour les équipages. Avant de quitter ces rivages maudits, La Pérouse fait ériger un monument à leur mémoire : « À l'entrée du Port ont péri vingt et un braves marins. Qui que vous soyez, mêlez vos larmes aux nôtres. » Dans une bouteille enterrée au pied de cet ouvrage, il fait glisser un message racontant l'événement dramatique et nommant les six officiers et les quinze hommes d'équipage qui ont perdu la vie.

Dans la tristesse, l'expédition reprend sa route. Elle traverse le Pacifique et, après avoir atteint les Mariannes au mois de décembre 1786, remonte vers le nord, longe les côtes de Tartarie et découvre les détroits séparant Sakhaline des îles japonaises. L'expédition est accueillie par les Russes dans le Kamtchatka, presqu'île de Sibérie, en septembre 1787. C'est l'occasion de recevoir quelques nouvelles de France et aussi d'en faire parvenir. La Pérouse décide de se séparer du jeune Barthélémy de Lesseps, l'un des scientifiques partis avec lui. Il le charge de rentrer en France, par voie terrestre, en lui confiant son journal de bord et les renseignements jusqu'alors obtenus.

Ce fils du consul de France à Saint-Pétersbourg, qui parle parfaitement le russe, est à la fois déçu de devoir quitter ses compagnons de voyage, qu'il ne reverra jamais, et sans doute heureux de pouvoir traverser les provinces du vaste empire.

Après plusieurs mois de voyage, Barthélémy de Lesseps arrive enfin en France. C'est grâce à lui que nous connaissons parfaitement cette première partie de l'expédition La Pérouse.

Pour la petite histoire, Barthélémy de Lesseps est l'oncle de Ferdinand de Lesseps, l'homme qui creusera le canal de Suez.

Une nouvelle fois, les deux frégates remontent leurs ancres, hissent les voiles et quittent ces rivages amis.

Vers la fin du voyage

La flotte met le cap au sud, pour atteindre les îles Samoa au mois de décembre 1787 ; cela fait déjà vingt-huit mois que La Pérouse et ses hommes ont quitté Brest.

Toujours méfiants et prudents, les marins en profitent néanmoins pour s'approvisionner en eau potable. La Pérouse et de Langle sont d'accord pour ne pas s'éterniser dans ces parages. Pourtant devant l'accueil de la population, de Langle insiste pour rester quelques heures encore. Il veut aller chercher de l'eau bien fraîche, persuadé que c'est un bon moyen de lutter contre le scorbut qui ravage les équipages.

Après avoir fait le plein des pièces à eau, les deux chaloupes transportant hommes et provisions tentent de gagner le large et de rejoindre les deux canots chargés de surveiller la manœuvre. Mais la marée est basse. Le départ est pénible et les Indiens sont de plus en plus nombreux à les entourer. L'atmosphère devient pesante.

Tout à coup des pierres lancées violemment s'abattent sur les marins. De Langle, qui dirige cette mission, refuse de faire tirer les mousquets.

L'attaque est de plus en plus intense, de Langle reçoit une pierre en pleine tête. Il a tout de même le temps de tirer ses deux coups de fusil avant de tomber à l'eau. En un éclair, les Indiens se jettent sur lui et le massacrent à coups de massue et de pierres.

Après bien des difficultés, les marins regagnent les canots à la nage avant de remonter à bord des frégates.

Résultat de cette expédition : douze hommes ont péri, dont le capitaine de l'*Astrolabe*, et vingt autres sont blessés... En voyant un tel massacre, Jean-François de La Pérouse a dû se souvenir des disparitions de Magellan, aux Philippines, et de Cook, aux îles Sandwich...

Accablé par ce drame, le cœur plein de larmes, le capitaine prend le large. Après être passé par quelques îles, il poursuit sa route vers l'Australie et arrive à Botany Bay, qui se trouve aujourd'hui au sud de Sydney.

C'est de là que partent les derniers courriers de La Pérouse et les ultimes nouvelles de ses navires. Lorsqu'en mars 1788, les Anglais regardent la *Boussole* et l'*Astrolabe* quitter l'Australie, cela fait plus de deux ans et demi qu'ils sont partis de la rade de Brest.

Ce jour-là ils s'enfoncent vers l'inconnu – c'est là que semble s'interrompre cet extraordinaire voyage !

Que sont-ils devenus ? Où sont-ils ?

À ces questions, cherche-t-on des réponses dans les mois qui suivent ?

Sans doute, mais en France, les événements de politique intérieure chassent très vite ces questions des esprits. Les bouleversements de l'année 1789 font passer ces interrogations et ces inquiétudes au second plan. L'expédition est même déclarée perdue…

Heureusement, des femmes et des hommes ne vont pas baisser les bras. Ils ne veulent pas tirer un simple trait de plume sur cette incroyable expédition scientifique et pacifique et vont être nombreux, au fil des siècles, à se battre pour découvrir la vérité.

À la recherche de La Pérouse

Un an et demi après la tourmente de l'été 1789, l'Assemblée constituante signe un décret s'engageant à aider financièrement ceux qui partiront à la recherche de La Pérouse. Quelques mois plus tard elle nomme l'amiral d'Entrecasteaux à la tête d'une nouvelle expédition. En septembre 1791, les navires la *Recherche* et l'*Espérance* quittent la rade de Brest en quête du disparu. Ils ont aussi pour mission de parcourir les côtes que La Pérouse n'a pas pu explorer. Malheureusement les équipages vont être décimés par le scorbut et le capitaine lui-même est emporté en 1793 près de Java, alors qu'il était passé à seulement quelques milles de l'île où les deux navires de La Pérouse avaient échoué. Il avait par ailleurs rempli pleinement sa mission scientifique. Il a reconnu la côte occidentale de la Nouvelle-Calédonie et la côte sud-ouest de la Nouvelle-Hollande (l'actuelle Australie), avant d'explorer, au sud-est de la Tasmanie, un canal qui porte aujourd'hui son nom. En 1792, une seconde expédition, menée par Aristide Dupetit-Thouars, part à son tour. Elle n'est jamais arrivée dans les mers du Sud !

Pendant ce temps, à Paris, Louis Capet a été condamné à mort. Au moment de monter à l'échafaud, il aurait demandé : « A-t-on des nouvelles de monsieur de La Pérouse ? » Louis XVI, qui a souhaité cette expédition, n'a jamais su ce qu'elle était devenue…

Il faut attendre 1827 et le capitaine anglais Peter Dillon, pour apprendre que la *Boussole* et l'*Astrolabe* ont été découvertes près de l'île de Vanikoro, une des îles de l'archipel Salomon, à 2000 kilomètres au nord de la Nouvelle-Calédonie.

Les navires de La Pérouse ont été poussés par un cyclone vers le massif corallien de cette île. Un des deux se serait échoué dans une fausse passe du lagon et quelques membres de l'équipage auraient survécu. L'autre aurait été broyé sur la barrière de récifs coralliens qui entoure Vanikoro. Peter Dillon recueille des souvenirs des habitants de l'île parlant de naufragés, mais il découvre surtout des objets d'origine française comme une poignée d'épée en argent. Ces preuves sont encore pourtant jugées insuffisantes.

L'année suivante, en 1828, une nouvelle expédition arrive sur les lieux. Parti de France en 1826, César Dumont d'Urville et son navire, la *Coquille* rebaptisée l'*Astrolabe*, explorent toute une zone comprise entre la Nouvelle-Guinée et les îles Salomon pour retrouver éventuellement la trace du naufrage de La Pérouse.

Une fois sur les lieux, Dumont d'Urville mène son enquête, parle avec les habitants et les chefs. Il écoute les anciens qui ont pu voir ou entendre parler de ces Blancs passés là soixante ans plus tôt.

Lui aussi recueille quelques témoignages d'autochtones et découvre des objets comme une ancre de 1 800 livres et des fragments de porcelaine…

Pour lui, cela ne fait aucun doute, La Pérouse a coulé dans ces eaux du Pacifique. Il fait ériger une stèle en souvenir des disparus. Cette fois preuve semble faite que Vanikoro est bien le lieu du naufrage.

Les passionnés de vérité vont poursuivre leurs enquêtes.

Au cours de la seconde moitié du xxe siècle, les événements s'accélèrent. En 1959, le vulcanologue Haroun Tazieff s'intéresse à cette affaire et découvre à son tour des canons retirés de l'épave supposée de l'*Astrolabe.* En 1964, la marine nationale envoie sur place le patrouilleur la *Dunkerquoise* qui réussit à identifier une seconde épave, sur le site dit « la faille ». À partir de 1981, une association baptisée « Salomon », créée par des Néo-Calédoniens fascinés par cette aventure, lance une première campagne de fouilles, qui est suivie de plusieurs autres au cours des années 1990, 1999 et 2000. À chaque fois, des centaines d'objets sont retrouvés, tant sur terre qu'en mer. Des fragments de poteries, des couverts, des morceaux de vaisselle, des boutons d'uniforme, des boucles de chaussure ou des balles de mousquet… Sans oublier les ossements exhumés en 1986 qui seraient peut-être les restes d'une femme embarquée lors du passage de l'expédition à Botany Bay.

En 1999, c'est un site archéologique qui est découvert dans la baie de Paiou où certains survivants auraient pu s'installer. Baptisé le « camp des Français », il a été méticuleusement fouillé notamment en 2003, lors d'une sixième campagne de recherches menée à l'instigation du président de l'association Salomon. À partir du 30 octobre 2003 et pendant un mois, une cinquantaine d'experts se sont installés sur l'île de Vanikoro, avec l'appui de la *Moqueuse*, un patrouilleur de la marine nationale. Les découvertes d'objets sont nombreuses et les discussions vont bon train... Après trois semaines d'un travail passionnant, une équipe de plongeurs découvre des ossements, presque un squelette complet. Remonté à la surface, il est étudié par les spécialistes... Rapporté en France, il est confié à des laboratoires qui concluent que cet homme mesurait entre 1,65 m et 1,70 m. L'étude de l'émail de ses dents révèle qu'il était âgé de 30 à 35 ans. On peut aussi déduire de sa dentition, toujours excellente deux siècles après, que cet homme était, soit un membre de l'équipe scientifique, soit un membre de l'état-major. Enfin des médecins légistes sont parvenus, grâce à un logiciel informatique, à recréer le visage de cet « inconnu de Vanikoro ».

En 2005, une nouvelle expédition a été organisée avec soixante-dix spécialistes, chercheurs et scientifiques, qui se sont lancés dans une course contre la montre de trente-trois jours, avec l'appui du *Jacques-Cartier*, un navire de la marine nationale...

Elle a permis, entre autres, de procéder à l'identification formelle des navires et de reconnaître avec certitude que l'épave qui a sombré sur le site de « la faille » était bien celle de la *Boussole*. Les plongeurs ont en effet rapporté un sextant qui a été authentifié comme étant celui de la *Boussole*, à bord de laquelle était embarqué La Pérouse. L'explorateur n'a donc probablement pas survécu au naufrage et a été emporté dans la tempête.

Cette fois les compagnons de La Pérouse peuvent en être sûrs : personne ne les oubliera !

Bibliographie

DUNMORE, John, *La Pérouse : explorateur du Pacifique*, Paris, Payot, 1986.

JACOB, Yves, *L'énigme La Pérouse*, Paris, Tallandier, 2004.

MEISSNER, Hans-Otto, *La Pérouse : le gentilhomme de la mer*, Paris, Perrin, 2004.

Le voyage de La Pérouse : 1785-1788, récits et documents originaux. Présentés par John Dunmore, Paris, Imprimerie nationale, 1985.

Chapitre 8

Louis XVII, mort au temple ?

Dans la longue liste des rois de France, on découvre parfois des noms de souverains qui ne sont pourtant jamais montés sur le trône. C'est le cas de Louis XVII dont le prénom même le destinait à figurer dans ce long cortège de rois, entre son père Louis XVI et son oncle Louis XVIII ; il aurait été un « numéro » de plus, assez facile à mémoriser par les écoliers et les étudiants.

Pourtant il en a été tout autrement. Depuis plus de deux cent vingt ans, Louis XVII ne cesse de braver l'oubli dans lequel il aurait pu tomber, comme nombre de ses prédécesseurs. Il reste à la « une » de l'actualité historique parce que son parcours est unique et dramatique.

Sa trop courte vie n'a pas été heureuse et sa mort est troublante. Voici l'étrange destin du petit Louis XVII.

Des parents unis pour raison d'État

Louis et Marie-Antoinette, les parents du futur Louis XVII, ne se sont pas rencontrés par hasard au cours d'un dîner chez des amis communs ou bien lors d'une promenade en forêt, ni même en tombant nez à nez à la sortie d'un café viennois, d'une boutique parisienne ou d'un bal organisé par une princesse.

Aucune de ces raisons n'est à l'origine de leur rencontre ; la seule qui puisse être évoquée, c'est la raison d'État !

La France du jeune Louis et l'Autriche de la jeune Marie-Antoinette souhaitent se réconcilier après des dizaines d'années de désaccords, de mésententes et de guerres. Dans les familles royales, la politique et les Affaires étrangères décident depuis longtemps de l'avenir des enfants.

Lorsque les Habsbourg et les Bourbons choisissent de se rapprocher, c'est pour mieux se défendre face aux Anglais d'une part et aux Prussiens d'autre part, qui se sont alliés à la Russie. À la surprise générale est signé, le 1er mai 1756, un « traité de Versailles » paraphé par Starhemberg et par Bernis, les ministres des Affaires étrangères autrichien et français.

Malheureusement, cette alliance va entraîner la France dans la dramatique guerre de Sept Ans. Mais cela, c'est une autre histoire…

Car ce traité de Versailles a aussi de bons côtés.

Dix ans après cette signature, ces deux cours européennes envisagent de sceller davantage leur amitié grâce à un mariage. Il est prévu d'unir Marie-Antoinette, la fille de l'empereur d'Autriche François Ier et de l'impératrice Marie-Thérèse, au petit-fils de Louis XV, devenu depuis peu le Dauphin de France.

Après bien des palabres, le mariage est enfin décidé. Il a lieu par procuration, à Vienne, au mois d'avril 1770. Quelques semaines plus tard, l'union de ces deux jeunes gens de 14 et 15 ans a lieu à Versailles devant toute la Cour.

Marie-Antoinette est née au mois de novembre 1755. Elle est la quatrième des seize enfants de l'impératrice Marie-Thérèse. Élevée au milieu de ses nombreux frères et sœurs, son éducation est loin d'être celle d'une future reine de France. Quand la décision est prise de la marier au Dauphin de France, des précepteurs sont chargés de lui faire rattraper son retard. Elle qui sait à peine lire et écrire en allemand, qui s'exprime dans un français approximatif, doit tout apprendre y compris la danse et la musique grâce aux cours du célèbre compositeur allemand Gluck installé à Vienne depuis 1750 ; l'on fait venir, de Paris notamment, les meilleurs professeurs pour parfaire son éducation.

Son futur époux, Louis-Auguste, qui deviendra Louis XVI, est né à Versailles au mois d'août 1754. Son père, Louis de France, le fils de Louis XV, est le Dauphin en titre. Sa mère, Marie-Josèphe de Saxe, a déjà donné naissance à deux fils : l'aîné, Louis-Joseph, né en 1751, mourra à l'âge de 10 ans, le deuxième, François Xavier, est décédé en bas âge. Après lui, naîtront deux autres fils qui régneront à leur tour sous les noms de Louis XVIII et de Charles X.

En attendant, le jeune Louis se cultive. Passionné de littérature, il s'intéresse aussi à l'astronomie et à la géographie. D'un caractère plutôt mou et d'une taille un peu ronde, il aime s'enfermer dans son atelier où il fabrique et répare des serrures. En 1765, la mort de son père, Louis de France, fait de lui le nouveau Dauphin. Il doit se préparer à monter sur le trône pour succéder à son grand-père.

Cinq ans plus tard, le 14 mai 1770, il fait la connaissance de Marie-Antoinette, la jeune archiduchesse qui lui a été choisie comme épouse. Les deux jeunes gens se rencontrent dans la forêt de Compiègne, où Louis est venu l'accueillir avant de l'emmener à Versailles.

Il ne faut que quelques jours à Marie-Antoinette, devenue la Dauphine après son mariage, pour découvrir une Cour bien différente de celle de Vienne. L'étiquette y est plus stricte et l'ambiance légèrement tendue. En cette fin de règne, Mesdames, les filles du roi Louis XV, se disputent avec la dernière favorite en date, madame du Barry. Au milieu de ces affrontements à fleuret moucheté, la Dauphine doit trouver sa place. Appréciée par Louis XV et conseillée par sa mère, l'impératrice Marie-Thérèse, qui lui suggère de ne surtout pas s'occuper de politique, Marie-Antoinette parvient à s'imposer. Son charme et sa jeunesse apprivoisent certains courtisans.

Mais le couple ne semble pas vivre sur la même longueur d'onde. Louis est sérieux et travailleur, Marie-Antoinette aime s'amuser, jouer et danser. L'un et l'autre vont devoir mettre de l'eau dans leur vin car, le 10 mai 1774, Louis XV meurt à l'âge de 64 ans, après cinquante-neuf ans de règne.

À partir de cet instant, il nous faut parler du roi Louis XVI et de la reine Marie-Antoinette.

L'amour n'est décidément pas au rendez-vous, Cupidon a oublié de sortir les flèches de son carquois. Pourtant il faut donner un descendant et donc un successeur au roi. Entre 1778 et 1786, Marie-Antoinette va mettre au monde quatre enfants. Voici d'abord, en 1778, une petite fille prénommée Marie-Thérèse Charlotte comme sa grand-mère maternelle ; puis, en 1781, un premier fils : Louis-Joseph et quatre ans plus tard, en 1785, un second fils : Louis-Charles. Enfin, en 1786, naît Sophie-Hélène-Béatrix qui ne vivra que onze mois.

Dans cette fratrie, celui qui nous intéresse est le numéro trois, Louis-Charles, qui deviendra pour l'histoire Louis XVII.

Louis-Charles fait son apparition dans le monde !

Le 27 mars 1785, la reine Marie-Antoinette donne donc naissance à un petit garçon prénommé Louis-Charles et rapidement titré duc de Normandie. À la demande du roi son père, il est baptisé le soir même à Versailles par le cardinal de Rohan. Son parrain n'est autre que son oncle, le comte de Provence, futur Louis XVIII. Très vite entouré par une foule de médecins, de gouvernantes et autres professeurs, cet enfant est élevé à la Cour. Son très jeune âge ne lui permet pas de ressentir le mécontentement du peuple qui commence à se faire entendre. Il n'est pas le seul, puisque son père, le roi Louis XVI, n'entend pas non plus ces appels au secours, ces cris lancés depuis les entrailles de son royaume. Quand il s'en apercevra et qu'il les comprendra, il sera trop tard !

Par contre le petit duc de Normandie ressent la douleur de voir son frère aîné souffrir d'un mal qui le ronge. Très affaibli, fiévreux, le dauphin Louis-Joseph semble se consumer sans que les médecins ne parviennent à le guérir. En dernier ressort, certains spécialistes proposent de l'envoyer au grand air, à Meudon, près de Paris. Malheureusement son état de santé continue à se dégrader. Marie-Antoinette ne sait que faire pour sauver cet enfant qu'elle sent imperceptiblement glisser vers la mort. Le 4 juin 1789, Louis-Joseph meurt à l'âge de 8 ans.

Son frère cadet Louis-Charles devient le nouveau Dauphin de France.

Ce 4 juin 1789 ne peut nous laisser indifférent. Ce jour se situe exactement au cœur d'une période clé de notre histoire, entre deux dates mémorables…

Un peu moins d'un mois avant ce 4 juin 1789, on a assisté à l'ouverture des États généraux convoqués par Louis XVI. Des États généraux qui constituent une véritable assemblée générale de la nation. Ils n'avaient pas été réunis depuis 1614, au lendemain de la majorité du roi Louis XIII…

Mais cette fois, la voix du peuple s'est fait entendre, impossible de la museler. Devant tant de mécontentements et tant de requêtes, le roi et ses ministres ont décidé de convoquer ces États généraux rassemblant 1 139 députés venant de toute la France et représentant le tiers état, le clergé et la noblesse. Ils se sont retrouvés à Versailles le 5 mai 1789, dans une pièce suffisamment grande pour les accueillir tous, la salle des Menus Plaisirs.

Un peu plus d'un mois après ce 4 juin 1789, la révolution succède à la révolte ; les Parisiens se ruent vers les Invalides puis vers la Bastille, symbole d'un pouvoir royal honni. Ce 14 juillet 1789, la forteresse tombe entre les mains du peuple. La France vient de tourner une page majeure de son histoire !

Pendant ce temps, la famille royale vit à Versailles…

Louis XVI et Marie-Antoinette ont déjà perdu deux enfants. Ils veillent désormais sur leur fille aînée Marie-Thérèse Charlotte, qui deviendra Madame Royale mais que sa mère appelle tendrement « Mousseline », et sur le petit Dauphin, Louis-Charles, que la reine a surnommé « Chou d'amour ». Un enfant fragile, qu'elle couve avec passion, même si ses obligations de reine ne lui laissent que peu de temps pour ses enfants. Elle adresse, le 24 juillet 1789, une lettre touchante à madame de Tourzel, la toute nouvelle gouvernante de son fils, choisie après le départ de la duchesse de Polignac affolée par les événements du 14 juillet.

Ces mots en disent long sur son amour maternel…

« Mon fils a quatre ans, quatre mois, moins deux jours, je ne parle pas ni de sa taille ni de son extérieur, il n'y a qu'à le voir ; sa santé a toujours été bonne, mais au berceau on s'est aperçu que ses nerfs étaient très délicats et que le moindre bruit extraordinaire faisait effet sur lui ; il a été très tardif pour ses premières dents, mais elles sont venues sans maladie ni accident ; ce n'est qu'aux dernières et je crois que c'était la sixième, qu'à Fontainebleau, il a eu une convulsion…

La délicatesse de ses nerfs fait qu'un bruit auquel il n'est pas accoutumé lui fait toujours peur ; il a peur par exemple des chiens parce qu'il en a entendu aboyer près de lui. Je ne l'ai jamais forcé à en voir, parce que je crois qu'à mesure que sa raison viendra, ses craintes passeront ; il est, comme tous les enfants forts et bien portants, très étourdi, très léger et violent dans ses colères, mais il est « bon enfant », très tendre et caressant même, quand son étourderie ne l'emporte pas. Il a un amour-propre démesuré qui en le conduisant bien peut un jour tourner à son avantage; jusqu'à ce qu'il soit bien à son aise avec quelqu'un, il sait prendre sur lui et même dévorer ses impatiences et colères pour paraître doux et aimable; il est d'une grande fidélité quand il a promis une chose, mais il est très indiscret, il répète aisément ce qu'il a entendu dire, et souvent sans vouloir mentir il y ajoute ce que son imagination lui fait voir, c'est son plus grand défaut, et sur lequel il faut bien le corriger... »

Et la reine Marie-Antoinette de poursuivre :

« Du reste, je le répète, il est bon enfant et avec de la sensibilité et en même temps de la fermeté, sans être trop sévère, on fera de lui ce qu'on voudra, mais la sévérité le révolterait, car il a beaucoup de caractère pour son âge; et pour en donner un exemple, dès sa petite enfance, le mot « Pardon » l'a toujours choqué; il fera et dira tout ce qu'on voudra quand il a tort, mais le mot pardon, il ne le prononce qu'avec des larmes et une peine infinie.

On a toujours habitué mes enfants à avoir une grande confiance en moi, et quand ils ont des torts, à me le dire eux-mêmes, cela fait qu'en les grondant j'ai l'air plus peinée et affligée de ce qu'ils ont fait que fâchée : je les ai accoutumés tous à ce qu'un oui ou un non prononcé par moi est irrévocable, mais je leur donne toujours une raison à la portée de leurs âges, pour qu'ils ne puissent pas croire que c'est humeur de ma part.

Mon fils ne sait pas lire et apprend fort mal; mais il est trop étourdi pour s'appliquer, il n'a aucune idée de hauteur dans sa tête et je désire fort que cela continue... »

Dans ce courrier Marie-Antoinette prouve qu'elle a toujours veillé sur son « Chou d'amour » et qu'elle accepte de le confier à une gouvernante, comme le veut l'étiquette, à condition qu'elle veuille bien se plier à ses idées en matière d'éducation.

À la lecture de ces quelques lignes, on ne peut s'empêcher de se demander comment cet enfant fragile et souvent apeuré va pouvoir résister à la tourmente qui l'attend.

Il faut quitter les ors de Versailles

Le nouveau destin de la famille royale commence véritablement le 5 octobre 1789. Vers la fin de cette journée, sous une pluie incessante, plusieurs milliers de femmes arrivant de Paris viennent demander des comptes au roi, mais surtout à la reine et leur réclament du pain. À Versailles, c'est l'affolement… Bien sûr, les soldats sont nombreux pour protéger le château. Mais derrière les fenêtres, les ordres et les contrordres fusent. Marie-Antoinette veut protéger ses enfants, il faut quitter rapidement les lieux avant que la colère qui gronde ne se transforme en un déchaînement de violence.

Vers 20 heures, après en avoir parlé avec le roi, elle demande aux gouvernantes de préparer quelques affaires, le départ est imminent… mais quelques minutes plus tard, c'est l'inverse, on ne part plus. Impossible de laisser approcher la voiture sans faire le coup de force et cela, le roi s'y refuse… pour l'instant !

La famille royale passe donc la nuit au château de Versailles tandis que ces milliers de Parisiennes et de Parisiens couchent sous leurs fenêtres.

Ne dit-on pas que la nuit porte conseil ?

Au petit matin du 6 octobre 1789, la reine est réveillée en sursaut par des femmes de chambre qui lui apprennent que le château est envahi. Elle s'habille rapidement et court chercher sa fille, Madame Royale, tandis que le roi prend le Dauphin dans ses bras.

Cette fois, rester devient très dangereux !

Même si la garde nationale de Paris parvient à chasser les assaillants du château et si La Fayette tente de calmer la foule, tout en s'adressant à la reine pour lui faire comprendre ses erreurs, il faut quitter ce lieu hautement symbolique. Après des heures d'hésitations, la famille royale, accompagnée de madame de Tourzel, la gouvernante du Dauphin, monte dans un vaste carrosse, direction Paris, et plus exactement les Tuileries.

Après sept longues heures d'un voyage exténuant, le roi, la reine, Madame Royale et le Dauphin s'installent dans leurs nouveaux appartements. Ils vont y rester jusqu'au mois d'août 1792, si l'on excepte l'épisode de quelques jours de la fuite et de l'arrestation à Varennes.

Le 20 juin 1792, le peuple en colère entre de force au château des Tuileries et demande au roi de retirer le veto qu'il vient d'opposer aux derniers décrets votés par les députés concernant la déportation des prêtres réfractaires. Le roi refuse de revenir sur sa décision, mais accepte de porter le bonnet rouge des patriotes. Les émeutiers abandonnent les lieux, la famille royale en est quitte pour une nouvelle frayeur.

Quelques semaines plus tard, après plusieurs heures de combat et des centaines de morts, les sans-culottes s'emparent des Tuileries et mettent fin à la monarchie. Le 13 août 1792, vers 18 heures, Pétion, le maire de Paris, vient chercher la famille royale pour l'emmener vers son ultime résidence, le donjon du Temple...

La prison du Temple

Deux voitures ont été réquisitionnées pour transporter les « prisonniers ». Ce que l'on appelle « le Temple », qui était situé dans l'actuel IIIe arrondissement de Paris, correspond à l'ancien enclos des Templiers. À l'origine, ce sont de vastes terrains marécageux, que l'ordre des chevaliers du Temple, les fameux Templiers, ont acheté, fait assécher et défricher avant de les rendre cultivables et d'y faire bâtir une véritable ville dans la ville à partir du XIIIe siècle, sous le règne de Saint Louis. De cette époque lointaine, il reste notamment le palais du Grand Prieur devenu le palais du comte d'Artois, frère de Louis XVI. C'est là que la famille royale est conduite au soir de ce 13 août 1792. À la fin du repas qui leur a été servi, le maire de Paris, Pétion, annonce que ce n'est pas dans ce palais mais dans le donjon du Temple, quelques dizaines de mètres plus loin, qu'ils seront emprisonnés.

Comme cette décision a été prise en toute hâte, et que rien n'a été préparé pour y accueillir de tels prisonniers, ils sont tout d'abord installés dans une petite tour adjacente d'où l'on vient de déménager *manu militari* le bibliothécaire et archiviste de l'ordre de Malte.

Le donjon du Temple ayant été grossièrement aménagé, la famille royale y est transférée à la fin du mois de septembre 1792.

C'est à cette époque que survient un événement traumatisant pour toute la famille royale : le 3 septembre 1792, madame de Lamballe, très chère amie de Marie-Antoinette, revenue d'émigration par fidélité, est assassinée à la prison de la Force, durant ce qu'on a appelé les « massacres de Septembre ». Son cadavre est alors décapité et sa tête posée en haut d'une pique que le peuple vient balancer sous les fenêtres du donjon du Temple, afin que la reine ne puisse ignorer le sort réservé à son amie.

Revenons au Temple. Le large donjon dans lequel la famille royale est enfermée, qui aurait été construit, lui aussi, sous le règne de Saint Louis, est en fait une grosse tour carrée de quinze mètres de côté et d'une hauteur de près de cinquante mètres. À chacun de ses angles elle est flanquée de petites tours rondes.

Ce donjon se compose de trois étages, avec une salle par étage. Ce sont les deux derniers étages qui ont été modifiés par des cloisons et des faux plafonds pour permettre d'y loger plusieurs personnes. Au rez-de-chaussée se trouvent les commissaires de service et, au premier étage, le corps de garde. Le deuxième étage est divisé en quatre pièces comprenant une antichambre, la chambre du roi et du Dauphin, une salle à manger et une pièce destinée au valet de chambre, Cléry. Enfin, le troisième étage, lui aussi divisé en quatre pièces, pour la reine et sa fille, Madame Royale, et pour sa belle-sœur, la sœur du roi, Madame Élisabeth. Sans oublier les époux Tison, un couple de domestiques placé là pour espionner les détenues.

Le Dauphin est donc séparé de sa mère. Elle ne le retrouve que pour quelques promenades, tandis que son père lui enseigne le français, l'histoire et surtout la géographie qui le passionne ; il lui apprend aussi son futur métier de roi.

L'enfant âgé de 7 ans qui supporte mal ces changements et ces tourments, n'est pas au bout de ses peines ! Les événements se bousculent. Au mois de décembre, pour la première fois depuis qu'ils sont au Temple, le roi son père quitte ce donjon pour être conduit devant la Convention où il est jugé. Après plusieurs jours de procès, « Louis Capet » est condamné à la peine de mort, à la majorité absolue.

La veille de son exécution, il accueille sa famille au deuxième étage du donjon du Temple : son épouse la reine, sa sœur Madame Élisabeth et ses deux enfants, Madame Royale et le Dauphin auquel il demande de lui promettre de ne jamais songer à venger sa mort. L'enfant demande, en vain, grâce à ses geôliers, mais rien n'y fait ; le lendemain, 21 janvier 1793, Louis XVI monte sur l'échafaud et le bourreau Sanson lui tranche la tête.

Ce jour-là, à 10 h 22 très exactement, le petit Dauphin entre dans l'histoire sous le nom de Louis XVII.

Louis XVII perd tout

Durant les six mois qui suivent l'exécution de son père, Louis XVII vit au troisième étage du donjon du Temple, aux côtés de sa mère Marie-Antoinette et de sa grande sœur, Madame Royale.

À l'extérieur de ces quatre murs, le petit garçon est devenu l'objet d'un véritable enjeu politique. Pour les cours européennes, il est le dernier représentant d'une prestigieuse lignée, sur lequel il faudra compter dans l'avenir ; pour certains révolutionnaires, il n'est qu'un otage que l'on pourrait très bien monnayer et, pour d'autres, il n'est qu'un prisonnier parmi la multitude, prisonnier dont il faudra se débarrasser le moment venu. Dans un premier temps, il faut le surveiller plus étroitement, le retirer des jupons de sa mère et le placer sous la vigilance d'un homme sûr. Antoine Simon sera l'homme de la situation.

Né à Troyes en Champagne, en 1736, Antoine Simon est cordonnier. À l'âge de 52 ans, il a épousé en secondes noces Marie-Jeanne Aladame, une femme de chambre qui travaillait chez une de ses voisines. Le couple habite à Paris rue des Cordeliers, au moment de la Révolution. Lorsque les quartiers de Paris se constituent en districts et en sections, le couple Simon participe activement aux réunions et la section des Cordeliers est l'une des plus actives de la capitale. Antoine Simon est nommé au conseil général de la Commune.

Parmi les autres membres de cette section, on trouve le célèbre Danton, qui a été appelé aux plus hautes fonctions ministérielles, et un certain Gaspard Chaumette devenu procureur de la Commune, ayant à ce titre la charge de veiller sur la personne du fils Capet.

Toutes les pièces du puzzle sont en place : le cordonnier Antoine Simon et son épouse sont désignés pour s'occuper du royal enfant.

Le 3 juillet 1793, vers 22 heures, sur ordre du Comité de salut public, des commissaires débarquent au troisième étage du donjon du Temple. Ils sont porteurs d'un ordre précis : se saisir de la personne du Dauphin, l'enlever à sa famille et le confier à la garde d'Antoine Simon. Marie-Antoinette demande des explications, interroge, puis s'interpose entre les commissaires et le lit de son Chou d'amour. Rien n'y fait, la décision est exécutoire. La reine vient de perdre son âme !

L'enfant âgé de 8 ans est installé avec son « mentor » à l'étage inférieur où Louis XVI a vécu ses dernières heures.

Antoine Simon est un homme plutôt brutal, jurant, aimant bien boire. Il est expressément chargé de transformer Louis XVII en un véritable sans-culotte. Il lui apprend à jouer aux dominos et lui fait chanter des airs révolutionnaires. Pourtant il ne semble pas avoir été un bourreau, bien au contraire…

Devant tant de libertés, le petit homme s'en donne à cœur joie. Cette cohabitation va durer six mois. Pendant cette période, Louis XVII va vivre un nouveau drame déchirant.

Dans la nuit du 1er août 1793, des bruits de pas se font entendre au-dessus de sa tête. Cette fois ce sont quatre administrateurs de police qui viennent d'arriver dans les appartements de sa mère. La Convention a voté un décret réclamant le transfert de Marie-Antoinette à la Conciergerie où elle attendra de passer en jugement devant le Tribunal révolutionnaire. Pour l'heure, Marie-Antoinette n'a plus la force de s'opposer à ses geôliers. Elle rassemble quelques affaires, embrasse tendrement sa fille, en lui « recommandant de prendre courage... », puis elle la confie aux bons soins de sa belle-sœur Madame Élisabeth et quitte le donjon du Temple non sans penser au petit Louis qu'elle abandonne définitivement à des mains étrangères. Son cœur de mère saigne.

Enfermée pendant deux mois et demi dans une cellule de la Conciergerie, Marie-Antoinette est jugée à partir du 14 octobre 1793. Condamnée à mort, elle est guillotinée à son tour le 16 octobre.

Cette fois Louis XVII est seul. Orphelin, il lui reste vingt mois à vivre, vingt mois de souffrances pour cet enfant qui ne fêtera jamais son onzième anniversaire.

Louis XVII ne régnera pas

Le procès de Marie-Antoinette a été décidé dans l'urgence, par peur de voir cette ancienne reine de France devenir une monnaie d'échange. On parle de tentatives d'évasion, de différents complots, les bruits les plus fous courent dans Paris. Il faut avouer qu'en cette période troublée tout est dit et son contraire aussi. Tout le monde se méfie de tout le monde. Qui croire ? Que penser ?

Le dossier est monté très rapidement. Il est incomplet. Fouquier-Tinville imagine, pour charger l'accusation, de faire témoigner Louis XVII contre sa mère. Devant le Tribunal, le jeune garçon accuse sa mère et sa tante, Madame Élisabeth, de l'avoir initié à la masturbation et de l'avoir contraint à des jeux sexuels. Indignée, Marie-Antoinette en appelle aux femmes de l'assistance et l'émeute est évitée de justesse.

Le gardien du petit Louis est à son tour pris de doute. Il demande à être relevé de ses fonctions, il démissionne. Au mois de janvier 1794, Antoine Simon quitte la prison du Temple non sans avoir pris la précaution de présenter son jeune prisonnier aux commissaires de service. Cet homme parti sans se retourner ne pourra jamais raconter son histoire. Six mois plus tard, pendant la Terreur, il sera entraîné dans la tourmente du 9 Thermidor et montera sur l'échafaud en même temps que Robespierre, qu'il aura voulu défendre…

De plus en plus isolé, Louis XVII est dorénavant livré à lui-même. Il est gardé par quatre commissaires, relevés chaque soir et qui ne font que surveiller les quatre murs qui l'entourent. Des murs épais, des portes renforcées par des cadenas, ce n'est plus une cellule de prison, c'est un cachot dans lequel la lumière du jour pénètre à peine. Il n'est pas étonnant que les historiens parlent « d'emmurement », aucun autre mot ne peut être plus explicite.

Dans ce misérable réduit, le jeune Louis XVII ne se lave pas, ne change pas de vêtements pour cause, on ne lui en donne pas ! Ce manque d'hygiène attire nombre de bestioles, comme les puces et les punaises. Et cette odeur, nauséabonde, insoutenable, se répand au-dehors de ce cachot comme l'évoquent certains gardes et cuisiniers. Son état de santé se dégrade rapidement, il passe ses journées allongé dans son lit. C'est une déchéance voulue, programmée, épouvantablement inhumaine.

En juillet 1794, après la mort de Robespierre et de quelques-uns de ses compagnons, dont notre cordonnier Simon, Barras, devenu tout-puissant, veut se rendre compte par lui-même de l'état dans lequel se trouve le petit Capet. Au donjon du Temple, une affreuse vérité s'offre à son regard. L'enfant est recroquevillé dans son lit, ne peut pas tenir debout tout seul, brûle de mille maux. Lentement il se consume. C'est insoutenable.

Immédiatement, des ordres sont donnés, le linge est changé, des gardiens sont nommés, des médecins viennent l'ausculter… mais n'est-il pas déjà trop tard ?

Au cours des derniers mois de sa misérable existence, Louis XVII, observé par des dizaines de commissaires, vit un calvaire. Au mois de mai 1795, ses deux gardiens, Lasne et Gomin, s'inquiètent de la dégradation physique de plus en plus marquée de leur petit prisonnier. Ils en parlent au Comité. Sans attendre, la décision est prise de demander au docteur Desault, le médecin-chef de l'Hôtel-Dieu, de se rendre à la prison du Temple. Le docteur Desault a raconté ce qu'il a vu :

« J'ai trouvé un enfant idiot, mourant, victime de la misère la plus abjecte, de l'abandon le plus complet, un être abruti par les traitements les plus cruels et qu'il est impossible de rappeler à l'existence. »

Devant un tel patient, le docteur Desault laisse des directives précises pour lui faire donner plus d'air et de lumière et remet une ordonnance conseillant certains légumes et certains mets qui pourront lui rendre des forces.

Quelques jours plus tard, le docteur Desault meurt ; il est remplacé par son confrère, le docteur Philippe-Jean Pelletan, chirurgien en chef de l'Hôtel-Dieu, qui vient voir le petit malade. Encore une ordonnance, encore une demande d'exercice, de lumière, de soleil... Après tout, ne dit-on pas que le soleil c'est la vie ? Et ce descendant du Roi-Soleil est en train de mourir dans une pièce sans lumière et sans amour.

Au lendemain de cette visite, son état de santé s'aggrave encore. Les gardiens Lasne et Gomin réclament le retour du médecin. Informé de cette requête, le docteur Pelletan répond qu'il passera le lendemain matin. Effectivement, il arrive en fin de matinée, accompagné par le docteur Dumangin, médecin-chef de l'hospice de la Charité. Nous sommes le 8 juin 1795.

Cette fois, les praticiens sont très inquiets car cet enfant n'est plus que l'ombre de lui-même. Vomissements et coliques achèvent d'épuiser ce petit corps. Ils écrivent un rapport signalant la gravité de son état et se proposent de revenir le voir le soir même.

Malheureusement il sera trop tard !

En début d'après-midi, ses douleurs deviennent insupportables. Le gardien Gomin, inquiet, quitte le donjon du Temple et court chercher du secours. Pendant ce temps, l'autre gardien, Lasne, tente de le soulever, de le redresser. C'est alors que Louis XVII s'abandonne dans ses bras; il vient de mourir. Il est près de 15 heures ce 8 juin 1795. Cet enfant avait eu dix ans quelques semaines auparavant !

À cet instant précis débute, pour plus de deux cents ans, la fameuse énigme du Temple...

L'énigme Louis XVII

Dans l'immédiat, impossible de laisser annoncer la mort du petit Capet. La décision est prise par le Comité de sûreté générale : personne ne doit le savoir, il faut absolument garder cette information secrète, jusqu'à nouvel ordre.

En attendant, quatre médecins, choisis parmi les plus hautes autorités médicales, sont chargés de pratiquer une autopsie. On y retrouve les docteurs Pelletan et Dumangin, mais aussi Jeanroy, professeur à la faculté de médecine et Lassus, professeur de médecine légale.

Ils arrivent au donjon du Temple le 9 juin, sous le prétexte d'une nouvelle consultation, car les gardiens eux-mêmes ne sont pas au courant du décès. Au deuxième étage du sinistre donjon, ces quatre hommes se placent autour du petit corps allongé sur une table.

En découvrant l'intérieur de ce corps et l'état des organes, il ne faut pas longtemps à ces spécialistes pour comprendre que cet enfant est mort d'une tuberculose généralisée qui a certainement dû le faire horriblement souffrir.

Le jour même, la nouvelle est enfin annoncée officiellement à la Convention et les gardiens du Temple en sont informés : le fils Capet est mort le 20 prairial an III, c'est-à-dire le 8 juin 1795.

Dès lors, les rumeurs les plus folles, les idées les plus saugrenues mais aussi les thèses les plus « solides » vont affirmer que le petit garçon mort au Temple n'est pas Louis XVII. Que ce corps autopsié et expertisé n'est pas celui du Bourbon. Deux garçons auraient été échangés, de façon rocambolesque, pour permettre de sauver la dynastie.

Il est vrai que, pendant des années, de très nombreux personnages vont revendiquer cette haute naissance et ce parcours historique. Avouons que tout est fait pour donner libre cours à une telle énigme, à commencer par son corps. Prétendument enseveli dans une tombe du cimetière Sainte-Marguerite, dans le XIe arrondissement de la capitale, il n'a jamais été retrouvé car il a plutôt été jeté dans l'une des fosses communes de ce cimetière.

Parmi ces dizaines de prétendants, citons le jeune Jean-Marie Hervagault qui s'est fait connaître quelques mois après la mort du Dauphin, affirmant être Louis XVII, échappé du Temple, caché en France puis à l'étranger avant de réapparaître au grand jour…

Mais le plus célèbre des prétendants est sans doute Karl Wilhelm Naundorff, un horloger prussien qui a essayé à plusieurs reprises de rencontrer Marie-Thérèse pour se faire reconnaître. Marie-Thérèse devenue duchesse d'Angoulême, la seule survivante du donjon du Temple, celle que l'on appelait jadis Madame Royale, la sœur de Louis XVII. Échangée contre des prisonniers républicains détenus par les Autrichiens, elle avait quitté la France au mois de décembre 1795.

Ses nombreux partisans avaient des arguments suffisamment convaincants pour ébranler bien des hésitants. Pourtant, Marie-Thérèse a toujours refusé de rencontrer l'horloger. Il semble bien qu'elle ait eu raison : ce charlatan était, semble-t-il porté par son charisme. Il a essentiellement utilisé ce magnétisme pour soutirer des fonds à ses partisans. Il reste que la famille Naundorff porte aujourd'hui légalement le nom de Bourbon et que la tombe de Naundorff, en Hollande, porte l'inscription : « Louis XVII ».

Non décidément, aucun de ces prétendants n'a pu faire illusion très longtemps. Comme toujours en histoire, tant que les preuves ne sont pas rassemblées, le doute subsiste. Et le doute a subsisté pendant plus de deux siècles, jusqu'au jour où la science est venue au secours de l'histoire. C'est un test ADN qui permet de connaître la vérité…

Louis XVII par-delà la mort

Au moment de l'autopsie du corps de Louis XVII, le 9 juin 1795, le docteur Pelletan parvient à subtiliser le cœur de l'enfant avant que son corps ne soit recousu. Ce petit cœur froid, roulé dans du son et glissé subrepticement dans une poche, va devenir LA preuve irréfutable. Mais avant cela, il va connaître bien des vicissitudes.

Il est successivement volé par l'un des élèves du docteur Pelletan avant de lui être rendu puis remis à l'archevêque de Paris. Il faillit disparaître lors de la Révolution de 1830, et c'est le docteur Pelletan fils qui le retrouve dans un tas de sable ! Après d'autres tribulations, la précieuse relique est confiée aux Bourbons d'Espagne qui l'offrent à la France en la remettant au duc de Bauffremont, le président du Mémorial de France à Saint-Denis.

En 1975, après cent quatre-vingts ans d'errance, le cœur de Louis XVII entre à Saint-Denis, dans cette nécropole des Rois…

Cette fois, on soupire d'aise, l'affaire est close, n'en parlons plus…

Et si pourtant ? Reste en effet à répondre à la question : est-on certain que ce cœur est bien celui du petit roi ?

Il faudra patienter quinze ans encore pour apporter une réponse définitive. La science appelée au chevet de l'histoire va mettre fin aux discours, aux supputations, aux thèses et autres antithèses. Au mois d'avril de l'an 2000, des tests ADN sont pratiqués par deux laboratoires de renommée internationale, l'un en Belgique, l'autre en Allemagne. La réponse est sans appel : ce cœur appartient bien à un membre de la famille de Marie-Antoinette.

Le 8 juin 2004, jour anniversaire de la mort de Louis XVII, son cœur, devenu dur comme de la pierre devant les doutes et les hésitations des hommes, rejoint enfin la crypte des Bourbons, dans la basilique de Saint-Denis, aux côtés des tombeaux de ses parents.

Après deux cent neuf années d'une incroyable histoire, l'enfant du Temple, Louis-Charles duc de Normandie, appelé le fils Capet, devenu Louis XVII, repose en paix, lui qui fut l'une des nombreuses jeunes victimes d'une révolution d'adultes.

Bibliographie

BOIRY, Philippe A., *Le dossier Louis XVII : une affaire de cœurs,* Paris, F-X de Guibert, 2000.

BORDONOVE, Georges, *Louis XVII et l'énigme du Temple,* Paris, Pygmalion, 1997.

BORDONOVE, Georges, *Louis XVI : le roi martyr,* Paris, J'ai lu, 2004.

CASTELOT, André, *Louis XVII,* Paris, Perrin, 1968.

CASTELOT, André, *Marie-Antoinette,* Paris, Perrin, 2002.

CHAUSSINAND-NOGARET, Guy, *Louis XVI : le règne interrompu,* Paris, Tallandier, 2002.

DELORME, Philippe, *Louis XVII, la vérité : sa mort au Temple confirmée par la science,* Paris, Pygmalion, 2000.

DESTREMAU, Noëlle, *Antoine et Marie-Jeanne Simon : les instituteurs du petit roi Louis XVII,* Paris, N. Destremau, 1995.

LEVER, Evelyne, *Louis XVI,* Paris, Fayard, 1997.

LEVER, Evelyne, *Marie-Antoinette : la dernière des reines,* Paris, Gallimard, 2000.

MÉTHIVIER, Hubert, *La fin de l'Ancien Régime,* Paris, PUF, Coll. Que sais-je ?, 1992.

Chapitre 9
Napoléon a-t-il été assassiné ?

Le 17 mars 1821, Napoléon Ier, âgé de 52 ans, rend son dernier souffle à Longwood House, sur l'île de Sainte-Hélène. Le lendemain, le docteur Antommarchi, accompagné de sept autres personnes, effectue une autopsie : l'empereur déchu serait mort des suites d'un ulcère à l'estomac, « de la même maladie que son père ».

Pourtant, l'histoire de Napoléon, dont la vie fut incroyablement remplie, ne pouvait pas s'achever là. Il faudra encore bien des péripéties pour qu'il trouve enfin le repos... Mais revenons d'abord sur les derniers jours de l'Empereur.

Les derniers moments de l'Empereur

Après l'espoir soulevé par les Cent-Jours, période durant laquelle Napoléon reprend le pouvoir, les troupes de l'empereur subissent la terrible défaite de Waterloo. Il ne reste plus à l'homme qui a mis l'Europe à feu et à sang qu'à déposer les armes. Le 22 juin 1815, vers midi et demi, dans le salon d'Argent de l'Élysée, Napoléon dicte au prince Lucien le texte de son abdication et lui fait écrire, entre autres, ceci :

> *« Je m'offre en sacrifice à la haine des ennemis de la France. Puissent-ils être sincères dans leurs déclarations et n'en vouloir réellement qu'à ma personne. Ma vie politique est terminée et je proclame mon fils, sous le titre de Napoléon II, empereur des Français. »*

Trois jours plus tard, le 25 juin 1815, l'empereur déchu quitte le Palais. S'il entend le peuple crier encore « Vive l'Empereur », il s'éloigne néanmoins de Paris, pour n'y jamais revenir. Il prend la direction de la Malmaison, où demeure le souvenir de Joséphine et, quelques jours plus tard, sa voiture part vers l'ouest de la France. Arrivé à Rochefort, il embarque à bord de la *Saale* qui le conduit sur l'île d'Aix, la dernière terre française qu'il foule avant son départ pour un exil sans retour.

Le 15 juillet 1815, Napoléon monte sur le *Bellérophon*, persuadé de partir vers l'Amérique. Mais le piège s'est définitivement refermé sur lui ; ses ennemis de toujours, les Anglais, ne vont plus le lâcher. Passant par Portsmouth, puis par Plymouth, il est finalement embarqué à bord du *Northumberland*. Toutes voiles dehors, ce navire prend la direction de l'île de Sainte-Hélène, au cœur de l'océan Atlantique.

Après plus de deux mois de mer, ce curieux équipage arrive devant Sainte-Hélène, le 17 octobre 1815. Située à 2 500 kilomètres des côtes africaines et à 3 500 kilomètres des rivages du Brésil, cette île anglaise mesure seize kilomètres sur douze et compte environ 2 000 habitants en cette année 1815.

Le 10 décembre, Napoléon entre enfin dans sa dernière demeure, il s'installe, avec son entourage proche, à Longwood House. C'est dans cette demeure qu'il s'éteindra moins de six années plus tard.

Le dernier refuge

Sur l'île de Sainte-Hélène, Longwood House est une ferme aménagée dans laquelle Napoléon va vivre les 1 973 derniers jours de son existence. Elle est composée de six pièces couvrant une superficie d'environ 200 m^2, sans compter de nombreuses dépendances. Dans ce cadre plutôt rustique vont vivre non seulement Napoléon mais aussi quelques personnes qui ont accepté de le suivre, formant sa dernière Cour. Il y a là les généraux Bertrand et Montholon et leurs épouses, le général Gourgaud, mais aussi Las Cases et son fils. Pour son service, Napoléon est entouré de Louis Marchand, son premier valet de chambre ; du mamelouck Louis Étienne Saint-Denis, surnommé Ali ; du maître d'hôtel Cipriani ; de l'huissier Santini ; du suisse Noverraz ; du chef d'office Pierron ; du cuisinier Lepage ; du valet Gentilini ; des frères Archambault, les cochers… Sans oublier le docteur O'Meara, son médecin personnel.

Tout au long de cette période, certains de ces personnages quitteront l'île, d'autres viendront les remplacer.

Sur ce morceau de terre du bout du monde, où le climat est extrêmement humide, les distractions sont rares. Le temps passe lentement. Au cours des premiers mois, Napoléon fait de longues promenades dans l'espace autorisé par les autorités anglaises, songe à de multiples façons de quitter cette prison et lit de nombreux ouvrages choisis dans la bibliothèque qu'il est parvenu à se procurer. Son activité la plus importante à Sainte-Hélène est la dictée de ses Mémoires à ses compagnons. Napoléon livre là en quelque sorte sa dernière bataille, contre le temps et l'oubli. Par ses écrits, il façonne l'image qu'il veut donner à la postérité, celle d'un Napoléon démocrate, soldat de la Révolution, ami des peuples et des idées libérales. C'est Las Cases qui publiera ces écrits remaniés dès 1823 sous le titre de *Mémorial de Sainte-Hélène*, un des plus grands succès de librairie du XIXe siècle.

Rapidement, dès 1817, la santé du prisonnier se dégrade. L'ambiance à Longwood House est pesante, aggravée par le pénible climat et la susceptibilité des membres de l'entourage du taciturne prisonnier. À partir du mois de juillet 1820, quatre ans et demi après son arrivée, non seulement le moral de Napoléon est très atteint, mais il souffre atrocement de l'estomac et des nausées apparaissent. Antommarchi, son nouveau médecin, débarqué depuis peu, semble parfaitement incompétent pour le soulager et le malade ne se nourrit bientôt plus que de potages et de gelées de viande.

Le 17 mars 1821, Napoléon se couche. Il ne se relèvera pas. Le 5 mai 1821, à 17 heures 49 précises, il expire. Le général Bertrand a écrit dans son journal :

> *« … à 5 heures 49 minutes, l'Empereur a rendu son dernier soupir. Les trois dernières minutes, il a rendu trois soupirs… ».*

Le lendemain de son décès, à la demande des Anglais, le docteur Antommarchi accompagné par sept médecins britanniques, et entouré par sept autres personnes, effectue une autopsie. Le résultat est alors sans appel : l'empereur Napoléon Ier est mort des suites d'un cancer de l'estomac.

À l'époque, le général Montholon, qui a accompagné les derniers instants de Napoléon, écrit :

> *« L'ouverture de son corps a prouvé qu'il était mort de la même maladie que son père, un ulcère squirreux de l'estomac, près du pylore. Les sept huitièmes de l'estomac étaient ulcérés. Il est probable que depuis quatre ou cinq ans, l'ulcère avait commencé… »*

Le 7 mai, les habitants de Sainte-Hélène sont invités à venir se recueillir devant le corps de Napoléon. Le 8 mai se déroule la mise en bière et le lendemain à 11 heures, ses obsèques sont célébrées avant de l'inhumer près d'une source, dans une petite vallée de l'île, appelée la vallée du Géranium. Elle sera rebaptisée « vallée du Tombeau ».

Enfin, Napoléon peut dormir tranquille. Lui qui est né sur une île, meurt sur une autre île où il est enterré…

Seulement, les désirs de Napoléon étaient tout autres. Dans son testament, il souhaite que ses cendres soient transportées en France et son vœu le plus cher est de dormir dans Paris, pour l'éternité :

« Je veux, écrit-il, que mon corps repose au bord de la Seine, parmi le peuple français que j'ai tant aimé. »

Ce souhait sera exaucé dix-neuf ans plus tard par la volonté du roi des Français, Louis-Philippe Ier.

Le dernier voyage

Louis-Philippe accorde son soutien à ceux qui réclament le retour des cendres de l'Empereur. Il y voit le moyen de redorer son image et d'accroître sa popularité en réunissant une grande partie de son peuple derrière cet illustre étendard. Descendant de Louis XIV, il se place de la sorte également en héritier de l'Empereur et espère ainsi renforcer la légitimité de la monarchie parlementaire. Après de longues discussions, le gouvernement anglais de lord Palmerston répond favorablement à la requête française. Il ne reste plus qu'à mettre cette expédition sur pied.

Louis-Philippe confie cette mission au troisième de ses fils, le prince de Joinville, pendant que le ministre de l'Intérieur, monsieur de Rémusat, en informe la Chambre des députés le 12 mai 1840. Cette nouvelle est saluée par un tonnerre d'applaudissements.

L'idée est belle et généreuse, mais dès lors que les cendres seront revenues sur la terre de France, où placer le cercueil ?

Les propositions ne manquent pas : on évoque Saint-Denis ou la colonne Vendôme, qui a été fondue à la demande de l'Empereur avec le bronze de centaines de canons pris aux Russes et aux Autrichiens, à Austerlitz. Finalement le choix se porte sur la chapelle des Invalides, accomplissant le souhait impérial du retour « ... *sur les bords de Seine* ».

Le 7 juillet 1840, deux navires français quittent le port de Toulon. La frégate la *Belle-Poule* et la corvette la *Favorite* font voile vers Sainte-Hélène. Le prince de Joinville, fils cadet de Louis-Philippe, partage le commandement de cette équipée avec le comte Philippe de Rohan-Chabot et plusieurs anciens compagnons de l'Empereur, les généraux Bertrand et Gourgaud, le cocher Archambault et Marchand, le premier valet de chambre de l'Empereur.

Le 8 octobre, les navires mouillent devant Jamestown, la capitale. Le général Middlemore, gouverneur de l'île au nom de sa Très Gracieuse Majesté fait accueillir ces envoyés du roi des Français, par son fils. Malade, le gouverneur ne se déplacera que pour l'ouverture du cercueil. Pour effectuer cette translation des cendres de l'Empereur, un cercueil en bois d'ébène a en effet été transporté dans les soutes de la *Belle-Poule*.

Six jours après leur arrivée, les Français pénètrent dans le caveau. Le cercueil est religieusement placé sous une tente où le docteur Guillard procède à l'ouverture des quatre bières successives qui enferment le corps de Napoléon. La première est en bois d'acajou ; sans doute la plus abîmée, elle sera remplacée par celle en ébène venue de France ; la deuxième est en plomb, la troisième est en acajou et enfin la dernière est en fer blanc. Lorsque le plombier Leroux parvient à l'ouvrir, l'émotion est à son comble. Le docteur Guillard soulève un ultime morceau d'étoffe et offre à l'assistance la vision incroyable du corps de Napoléon demeuré pratiquement intact.

Laissant à l'intérieur les vases contenant les viscères, le général Gourgaud donne l'ordre de refermer le tout. Les trois premiers cercueils sont placés dans la bière d'ébène et le lourd convoi – l'ensemble pèse 1 200 kilos – rejoint la *Belle-Poule* où une chapelle ardente est installée près du carré des officiers.

Le 18 octobre 1840, vingt-cinq ans après l'arrivée de Napoléon sur l'île, son corps reprend le chemin de la France.

À la fin du mois de novembre, la frégate la *Belle-Poule* entre dans le port de Cherbourg saluée par une salve d'artillerie. C'est par voie fluviale et non terrestre que le cercueil doit parvenir à Paris. De la *Belle-Poule*, il est placé sur le vapeur *Normandie* chargé d'atteindre Le Havre puis de remonter la Seine jusqu'à Rouen où la *Dorade* prend le relais. Sur son passage, les Français se pressent nombreux pour adresser un dernier salut à l'Empereur. Au pont de Neuilly, par un froid épouvantable, les fils de Louis-Philippe attendent l'arrivée du convoi funèbre. Hissé sur un char majestueux tiré par seize chevaux caparaçonnés d'or, le cercueil entame son dernier parcours. Une foule immense n'hésite pas à crier « Vive l'Empereur ! » Encadré par les troupes, les drapeaux et les marins de la *Belle-Poule*, le char passe sous l'Arc de triomphe, ce monument érigé à la gloire des armées, voulu par Napoléon et inauguré par Louis-Philippe. Une nouvelle boucle semble bouclée…

Ce 15 décembre 1840, il reste encore quelques centaines de mètres à parcourir pour accomplir le souhait du défunt empereur…

Le dernier hommage

Ces quelques centaines de mètres séparent l'Arc de triomphe des Invalides.

Les Invalides... voilà un mot qui résonne à nos oreilles comme le bruit sourd des râles et des pleurs de centaines de milliers d'hommes abandonnés à leurs douleurs sur les champs de bataille.

Pour tous ces blessés, tous ces mutilés, peu de solutions sont proposées. Au Moyen Âge, les abbayes en ont la charge, mais il n'est pas aisé de faire cohabiter moines et soldats. Henri IV puis Louis XIII se sont penchés sur le cas de ces soldats qui ont offert leur courage et leur vie au royaume. Mais il faut attendre le règne du Roi-Soleil pour qu'une décision soit prise. En 1670, Louis XIV annonce la construction prochaine d'un hôtel royal des Invalides. Le chantier est mené par l'architecte Libéral Bruand. Après trois années de travaux, de longs bâtiments entourent une cour magnifique.

À cela il faudrait ajouter une église qui soit destinée à la fois aux soldats et au roi ; mais comment faire ?

Jules Hardouin-Mansart résout le problème en dessinant les plans de deux édifices distincts, l'église Saint-Louis-des-Invalides pour les militaires malheureux et le dôme des Invalides pour le souverain. Un dôme qui deviendra un mausolée près d'un siècle et demi plus tard.

En ce 15 décembre 1840, un immense et solennel cortège descend les Champs-Élysées et se présente devant l'esplanade des Invalides. Le prince de Joinville remet à son père les restes de l'Empereur et un service religieux achève ce long périple.

Le catafalque est placé dans la chapelle Saint-Jérôme située, sous le dôme, sur le côté gauche, en attendant la construction d'un tombeau.

Vingt années vont être nécessaires pour l'exécuter, suivant les dessins de Louis-Joachim Visconti. Enfin, en 1861, le corps de l'Empereur pend place dans un monumental tombeau de porphyre de Finlande dont le socle est en granit vert provenant des Vosges.

Désormais son repos devient éternel. Enfin, presque…

Le dernier trouble

Depuis la mort de Napoléon, une question semble hanter l'esprit de nombreux historiens ou de simples amateurs d'histoire. Et si l'Empereur avait été assassiné ? Disparu dans sa 52e année, n'a-t-il pas été empoisonné ?

Cette question est revenue sans cesse dans les écrits de commentateurs, jusqu'au jour où ont été menés de véritables travaux d'experts.

Tout commence vers 1955, soit cent trente-quatre ans après la mort de Napoléon. Sten Forshufvud, un dentiste suédois, lit les mémoires de Marchand, le fameux valet de chambre de l'Empereur. À la lecture de ces souvenirs, le dentiste s'interroge. Il se demande si les descriptions des maux de Napoléon ne trahissent pas une intoxication à l'arsenic !

En effet, l'Empereur a connu de graves problèmes de santé tout au long de sa vie : en 1805, une crise étrange proche de l'épilepsie ; en 1809, des douleurs d'estomac ; en 1812, lors de la bataille de la Moskova, une migraine épouvantable, sans compter les multiples malaises qui ponctuent son dernier exil. Pour Sten Forshufvud, pas de doute, tous ces maux ont une seule et unique cause : l'arsenic.

Cette fois, le mot magique est lancé : le débat va faire rage.

Car ce dentiste suédois ne souhaite pas en rester là. En tant que scientifique, il veut étayer ses dires ou plutôt ses soupçons, de preuves scientifiques. En 1961, il obtient un « cheveu de l'Empereur » et le soumet à un professeur travaillant au département de médecine légale de l'université de Glasgow. Les expériences menées semblent accréditer sa thèse. La concentration en arsenic, découverte sur ce cheveu, est très importante.

Quelques années plus tard, Sten Forshufvud écrit un livre intitulé *Napoléon a-t-il été empoisonné ?*, et il répond, bien entendu, par l'affirmative.

Ce combat pour ce qu'il estime être la vérité, notre dentiste suédois ne le mène pas seul. Il a été rapidement rejoint par le Canadien Ben Weider, un amoureux fou de l'histoire de Napoléon qui a fondé en 1995 la Société napoléonienne internationale. C'est d'ailleurs Ben Weider qui va reprendre le flambeau allumé par Sten Forshufvud.

Les techniques se modernisant rapidement, Ben Weider va profiter des progrès scientifiques pour soumettre de nouveaux « cheveux de l'Empereur » au service de chimiotoxicologie du FBI, aux États-Unis.

Les résultats vont dans le même sens que ceux découverts à Glasgow. Au mois d'août 1995, le responsable de ce service du FBI écrit :

> *« Le laboratoire du FBI a analysé deux des cheveux de Napoléon que vous aviez soumis pour une recherche d'arsenic... La quantité d'arsenic présente dans les cheveux analysés concorde avec un empoisonnement à l'arsenic... »*

À qui profite le crime ?

Ainsi, l'Empereur aurait été assassiné, empoisonné à l'arsenic. Et le coupable aurait agi depuis 1805, date des premiers ennuis de santé de Napoléon. Mais qui aurait commis ce crime et pourquoi ?

Les raisons d'un tel geste sont nombreuses mais très hypothétiques : trahison, pour le compte de l'Angleterre ou pour celui des Bourbons ; vengeance, d'un homme outragé par la liaison de son épouse avec Napoléon à Sainte-Hélène ou bien encore acte isolé d'un homme désireux d'en finir avec cette aventure aussi grandiose que funeste…

Bien entendu, l'Empereur qui a mis l'Europe à feu et à sang s'était fait des ennemis par milliers. Pourtant, depuis son exil, il était plutôt protégé : les Anglais notamment n'avaient pas véritablement accès à leur prisonnier. Pour trouver un coupable potentiel, il faut plutôt regarder du côté de son entourage.

Si le maréchal Bertrand est mis hors de cause par tous les historiens, le général Montholon, lui, semble le suspect idéal. Fuyant ses créanciers, il a suivi Napoléon dans son exil. Par la même occasion, il sert aussi d'agent à la monarchie française, pas vraiment tranquille tant que Napoléon est en vie. Pourtant, Montholon restera fidèle au bonapartisme, devenant même, après la mort de Napoléon, le compagnon du futur Napoléon III. De plus, n'ayant pas fréquenté l'Empereur avant 1815, il ne peut avoir empoisonné ce dernier depuis 1805.

Pas de suspect, pas de crime !

Il n'y aurait donc plus de suspect ? Mais alors, y a-t-il vraiment eu assassinat ? Les défenseurs de la thèse d'une mort naturelle ne restent pas les bras ballants. Ils écrivent, ils s'expliquent, ils combattent.

Ils combattent, non pas ces résultats scientifiques, mais surtout les conclusions qui sont tirées de ces résultats. Certes ces cheveux contiennent une dose importante d'arsenic, mais de là à affirmer que l'Empereur a été empoisonné, il y a un pas que de nombreux historiens ne veulent pas franchir.

Toujours est-il que Ben Weider, lui aussi auteur de plusieurs ouvrages défendant ces thèses, décide de venir s'expliquer en France, devant ses détracteurs. Et il choisit de s'exprimer au Sénat, en l'an 2000, lors d'un colloque au cours duquel il présente les conclusions des laboratoires scientifiques. Il profite de cet événement pour proposer de nouvelles analyses menées, cette fois, par un laboratoire français.

C'est ainsi que l'Institut de médecine légale de Strasbourg reçoit cinq mèches de « cheveux de Napoléon » provenant de différentes sources : soit de Las Cases, soit de Louis Marchand, soit du suisse Noverraz... Cette fois encore les résultats publiés en 2001 affirment que ces cheveux contiennent des doses très élevées de substances toxiques, des doses trop élevées !

La présence d'arsenic dans ces échantillons de la chevelure impériale, à des concentrations troublantes, est incontestable...

Mais ce n'est sans doute pas une raison nécessaire et suffisante pour affirmer haut et clair que Napoléon a été empoisonné volontairement et que sa mort est due à un acte criminel !

Le dernier affrontement

Deux ans plus tard, en 2002, le magazine *Science et Vie* décide de se jeter dans la bataille. Avec l'appui de collectionneurs, plusieurs « cheveux de Napoléon » sont remis au laboratoire toxicologique de la Préfecture de police de Paris.

Les expériences menées sont nombreuses et permettent à ces scientifiques de découvrir à nouveau de très fortes doses d'arsenic…

Tous les scientifiques sont maintenant d'accord ! Ils ont tous trouvé de grosses quantités d'arsenic dans les « cheveux de l'Empereur ». Oui… mais…

C'est l'origine de cette quantité d'arsenic qui sépare et divise les uns et les autres.

Comment peut-on découvrir une telle concentration sans que le poison ait été ingurgité par l'auguste prisonnier ? se demande ironiquement le spécialiste qui défend l'hypothèse de l'empoisonnement volontaire.

Tout simplement parce que l'arsenic est présent dans nombre d'objets de la vie courante ! répond celui qui soutient l'hypothèse de la mort naturelle.

Il a bien fallu une main criminelle, très proche, pour offrir de telles doses d'arsenic ! réplique le premier.

Pas du tout, à Longwood House, l'arsenic se retrouve à la fois dans la colle du papier peint et dans la mort aux rats, dans la nourriture et dans les émanations des coups de feu ! ajoute le second.

Seul l'empoisonnement à l'arsenic peut expliquer le parfait état de conservation du corps de Napoléon, quand le cercueil a été rouvert en 1840 ! relance le premier.

Le corps de Napoléon n'est pas le premier à passer l'épreuve du temps et à se conserver aussi bien ! tranche finalement le second interlocuteur.

Et voilà, chacun reste sur ses positions.

Pourtant deux questions semblent intéressantes :

Est-ce que les cheveux ainsi étudiés proviennent bien du crâne de l'Empereur ?

Et est-ce que l'arsenic n'a pas longtemps servi de conservateur à de telles reliques ? Ce qui tromperait les analyses...

On peut surtout s'interroger sur l'intérêt réel qu'il y avait à empoisonner un empereur déchu, déjà malade et devenu inoffensif. Napoléon lui-même semble nous mettre sur la piste quand il dit dans le *Mémorial*:

> *« Et puis, au fait, qu'aurait-on à craindre ? Que je fisse la guerre ? je suis trop vieux. Que je courusse encore après la gloire ? je m'en suis gorgé, j'en avais fait litière; et pour le dire en passant, c'était une chose que j'avais rendue désormais tout à la fois bien commune et bien difficile. »*

Les très nombreux doutes sur l'origine des cheveux, l'origine de l'arsenic et les raisons d'un hypothétique empoisonnement ne permettent pas à l'historien de statuer définitivement sur ce problème.

Bibliographie

BORDONOVE, Georges, *Napoléon*, Paris, J'ai lu, 2002.

CASTELOT, André, *Histoire de Napoléon Bonaparte*, tome 10 : Sainte-Hélène, Paris, Tallandier, 1969.

FORSHUFVUD, Sten, *Napoléon a-t-il été empoisonné ?*, Paris, Plon, 1961.

GALLO, Max, *L'Immortel de Sainte-Hélène*, Paris, éditions de la Seine, 2001.

TULARD, Jean, *Napoléon à Sainte-Hélène*, Paris, Robert Laffont, 1981.

TULARD, Jean, *Napoléon ou le mythe du sauveur*, Paris, Fayard, 1983.

WEIDER, Ben, *Napoléon est-il mort empoisonné ?*, Paris, Pygmalion, 1999.

Chapitre 10

Bernadette Soubirous et la belle « Dame »

« Bernadette Soubirous, jeune fille de Lourdes, âgée de quatorze ans, aurait eu des visions dans la grotte de Massabielle, située à l'ouest de la ville ; la Vierge Immaculée lui serait apparue. Une fontaine y aurait surgi. L'eau de cette fontaine, prise en boisson ou en lotion, aurait opéré un grand nombre de guérisons ; ces guérisons seraient réputées miraculeuses. Des gens en foule sont venus et viennent encore, soit de notre diocèse, soit des diocèses voisins, demander à cette eau la guérison de tous leurs maux en invoquant la Vierge Immaculée. »

Ainsi s'exprime, par écrit, monseigneur Laurence, l'évêque de Tarbes, au mois de juillet 1858. Et pourtant la première apparition devant les yeux de Bernadette Soubirous s'est déroulée seulement cinq mois plus tôt, en février 1858 !

Comme le prouve ce courrier, l'Église s'est rapidement penchée sur ces événements et même si Mgr Laurence utilise le conditionnel, ces visions et ces guérisons semblent le troubler...

Plongeons ensemble dans cette étonnante histoire qui a bouleversé toute une région avant d'intéresser la France entière, puis le monde.

Bernadette, une enfance difficile

Comme dans les grandes pièces du théâtre classique, l'unité de lieu est entièrement respectée dans cette magnifique aventure.

Nous sommes au pied des Pyrénées, à Lourdes, une importante bourgade qui s'est formée autour d'un château bâti au XIIIe siècle et qui compte près de 4 000 habitants en ce milieu du XIXe siècle. Lourdes offre à ses visiteurs deux éléments naturels qui vont jouer un rôle important dans l'histoire de Bernadette: c'est d'abord le gave de Pau, une rivière qui passe par Lourdes, Pau et Orthez avant d'aller se jeter dans l'Adour; et c'est une masse rocheuse importante qui va servir d'abri à des rencontres exceptionnelles !

C'est donc dans ce cadre que la petite Bernarde-Marie voit le jour le 7 janvier 1844. Elle est la première enfant de Louise Castérot qui a épousé, un an auparavant, le meunier François Soubirous. Il n'est donc pas étonnant d'apprendre que Bernarde-Marie, qui sera vite appelée Bernadette, soit née dans un moulin, le moulin de Boly que loue son père.

Pour le couple Soubirous, l'arrivée de cette enfant est une véritable joie, même si la vie n'est pas facile et qu'il faut travailler beaucoup pour gagner peu. Malheureusement, vers la fin de cette année 1844, la chute d'une chandelle brûle grièvement la poitrine de la jeune maman qui ne peut plus allaiter sa petite fille. Elle est obligée de la confier à une « mère nourricière », une nourrice.

Marie Lagües, qui habite Bartrès, vient de perdre un fils. Elle reporte tout son amour sur la petite Bernadette dont elle s'occupe pendant plusieurs mois avant de la rendre à sa famille. Mais un lien s'est tissé entre la nourrice et l'enfant et Marie Lagües sera toujours présente dans les moments difficiles de l'existence de Bernadette.

La voici donc revenue auprès de ses parents où, hélas, la vie quotidienne devient de plus en plus difficile. François Soubirous ne ménage pas sa peine mais les affaires vont mal, les clients ne paient pas leurs factures et le bon meunier

Soubirous ne réclame pas toujours son dû avec l'insistance nécessaire.

Devant les difficultés, Louise et François Soubirous ne peuvent plus rester locataires du moulin qu'ils occupent et décident de chercher un nouveau toit. Sans argent, il faut se contenter de misérables masures, de lieux modestes et souvent insalubres. Pourtant Louise et François travaillent. Pendant qu'elle fait des ménages, lui offre ses bras pour les travaux des champs ou des travaux de force.

C'est finalement un cousin de la famille qui leur propose une nouvelle habitation, ou plutôt un nouveau bouge. Il s'agit en fait d'une seule pièce située à l'intérieur de l'ancienne prison de la ville, une prison désaffectée, au 15, rue des Petits-Fossés, un lieu qui se visite toujours

Ce logis, baptisé le « cachot », abrite une famille Soubirous qui s'est agrandie, car trois autres enfants sont nés : Marie, qui sera surnommée Toinette, a vu le jour en 1846, suivi de deux garçons : Jean-Marie en 1851 et Justin en 1855. Mais le sort semble s'acharner. Après les difficultés professionnelles, des soupçons de vol se portent sur François Soubirous. Il aurait volé des sacs de farine… mais l'enquête de gendarmerie le blanchit ; il est alors accusé d'avoir emporté un gros morceau de bois ne lui appartenant pas… et il est emprisonné.

Devant ces difficultés grandissantes, Bernadette, l'aînée, qui a 14 ans, est de nouveau envoyée auprès de son ancienne nourrice, Marie Lagües. En attendant que les choses se calment et rentrent dans l'ordre, cela permet à sa mère d'avoir une bouche de moins à nourrir.

Repartie vers Bartrès, à environ trois kilomètres au nord de Lourdes, Bernadette est accueillie à bras ouverts. Marie lui confie son troupeau de brebis à garder. Bernadette apprécie ce contact avec la nature, elle aime se promener à travers les pâturages. Et le soir venu, autour d'un feu, Marie lui fait le catéchisme.

Pour cette enfant de 14 ans, qui n'est jamais allée à l'école, qui ne sait ni lire ni écrire, cette approche religieuse est-elle un premier déclic ? Peut-être. En tout cas, quelques mois plus tard, Bernadette souhaite faire sa communion et elle le dit.

De retour chez ses parents, à Lourdes, au mois de janvier 1858, elle est immédiatement inscrite à l'école de l'hospice des Sœurs de la Charité...

Quelques jours plus tard, la vie de Bernadette va basculer.

Bernadette, une rencontre surprenante

En cet hiver 1858, il fait froid dans le « cachot », cette misérable habitation des Soubirous où quatre enfants se blottissent autour de leurs parents. Dans la journée, pendant que Louise et François travaillent pour gagner quelques sous, les deux aînées, Bernadette et Toinette, sont chargées d'aller ramasser un peu de bois mort sur les chemins.

Ce 11 février 1858 est un jeudi. Cela n'a aucune importance en soit, et pourtant ce « jeudi 11 février 1858 » va entrer dans l'histoire.

Une fois encore, la cheminée du « cachot » crie famine, et elle n'est pas la seule. Il faut aller chercher du bois. Bernadette prend les choses en main. Vers 11 heures du matin, on aperçoit Bernadette accompagnée de sa sœur Toinette et d'une petite voisine, Jeanne Abadie, quitter le centre du bourg et prendre la direction du gave de Pau.

Le fond de l'air est frais, les fillettes relèvent leurs capuches et marchent d'un bon pas, faisant résonner leurs sabots. Arrivées au bord du cours d'eau, Toinette et Jeanne se déchaussent et enlèvent leurs bas pour traverser sans trop se mouiller. Le débit étant très faible, elles se retrouvent sur l'autre rive en un rien de temps, laissant Bernadette seule. Enfant à la santé fragile ayant survécu à une épidémie de choléra, Bernadette est enrhumée, elle préfère traverser à pied sec et continue donc de longer la rivière dans l'espoir de trouver un gué plus favorable.

Tout à coup, Bernadette « entend un coup de vent ». Elle, qui scrute les eaux de la rivière, relève immédiatement la tête et, à sa grande surprise, ne voit pas bouger les branches des arbres. Puis elle entend un second coup de vent ; cette fois elle tourne son regard vers les énormes rochers de Massabielle et là, elle voit apparaître une belle « Dame ».

C'est le choc, c'est la consternation, c'est l'indicible... Et pourtant Bernadette a raconté cette première rencontre à plusieurs personnes qui ont transcrit ses dires :

« *...La première fois que je fus à la grotte, j'allais ramasser du bois avec deux autres petites filles [...] je me mis à me déchausser. À peine si j'avais ôté le premier bas, j'entendis un bruit comme si c'eût été un coup de vent. Alors j'ai tourné la tête du côté de la prairie ; j'ai vu les arbres très calmes ; alors, je continuai à me déchausser ; j'entendis encore le même bruit ; comme je levais la tête en regardant la grotte, j'aperçus une Dame en blanc, alors je fus un peu saisie et croyant être en face d'une illusion, je me frottai les yeux mais en vain...* »

Il est difficile d'imaginer à quel point cette première vision doit être surprenante. Bernadette est d'ailleurs la première surprise, elle n'y croit pas, elle pense à une illusion d'optique. Mais elle a beau se frotter les yeux, la belle Dame est là et bien là...

Sans se contrôler, Bernadette plonge la main dans sa poche pour en ressortir son chapelet puis tente de faire le signe de croix, mais son bras refuse de bouger.

Retrouvons ses dires :

> *« …voulant faire le signe de la croix mais en vain ; alors je ne pus arriver la main jusqu'au front ; alors le saisissement s'empara plus fort de moi ; la Dame prit le chapelet qu'elle tenait entre ses mains et elle fit le signe de la croix ; alors j'ai essayé une seconde fois de le faire et je pus. Aussitôt que j'eus fait le signe de croix, le grand saisissement que j'éprouvais disparut. Je me mis à genoux, et je dis le chapelet en présence de cette belle Dame.*
> *Après avoir dit le chapelet, elle me fit signe de m'approcher mais je n'ai pas osé, alors, elle disparut… »*

La belle Dame a ainsi disparu d'un coup, comme elle est venue, laissant une Bernadette à la fois troublée et dubitative !

D'ailleurs, elle en parle à Toinette et à Jeanne sur le chemin du retour. Elle leur demande si elles ont vu ou aperçu quelque chose dans la grotte. Dans son for intérieur, elle veut être sûre de ne pas se tromper. Alors, quand les deux autres fillettes lui avouent qu'elles n'ont rien vu, rien entendu, le doute la submerge… « Et si j'avais rêvé ? Et si ce n'était que dans mon imagination ? » pense-t-elle. Pour ne pas paraître idiote ou prétentieuse, Bernadette préfère leur répondre qu'elle n'a rien vu non plus et elles poursuivent leur chemin.

Seulement ces questions répétées et cette affirmation maladroite excitent plus qu'elles n'endorment la curiosité de sa sœur et de sa petite voisine. Toinette et Jeanne l'interrogent à leur tour.

« Qu'est-ce que tu as vu ? Dis-nous, raconte-nous, nous voulons savoir ! » Toinette lui promet de ne rien dire à personne, de garder le secret. Devant leur insistance, Bernadette leur raconte sa vision avec ces détails précis qui ne quitteront jamais plus sa mémoire.

Bien sûr, une fois rentrée chez elle, Toinette, qui va avoir 12 ans, répète à leur mère ce que lui a confié sa grande sœur.

Inquiète, Louise tente de sermonner Bernadette, lui demande de se méfier d'affirmations trop hâtives. Peut-être a-t-elle cru voir, mais ce n'était qu'une erreur... et elle lui interdit de retourner vers la grotte.

À partir de ce jeudi 11 février 1858, à Lourdes, plus rien ne sera comme avant.

Bernadette, une enfant attentive et obéissante

Pour Bernadette, le plus dur reste à faire ! Elle va devoir convaincre les hommes, car, en la matière, l'incrédulité est totale. Oh ! bien sûr ! elle n'a pas reçu cette mission de la belle Dame, mais sa fascination, son engouement sont tels que les « autres » veulent savoir et même plus, ils veulent participer.

Pour cette toute jeune adolescente, le secret de cette première vision est sans doute un fardeau bien lourd à porter. Après s'être confiée à sa mère, elle décide, le surlendemain, d'en parler à monsieur l'aumônier de l'hospice des Sœurs de la Charité, le père Pomian. L'assurance de la fillette et la clarté de son récit installent le doute dans l'esprit du religieux qui en parle immédiatement au curé de Lourdes, l'abbé Peyramale. Ce dernier, plus circonspect, préfère manier ces affirmations avec prudence et suggère à son confrère de ne pas y prêter trop d'attention.

Pourtant la nouvelle est lancée et, tout au long de ces quelques mois, ces deux prêtres seront de nouveau des interlocuteurs privilégiés de Bernadette.

En attendant, elle s'impatiente et veut retourner près de la grotte. Le lendemain de sa confession, le dimanche 14 février, à la sortie de la messe, accompagnée par ses petites amies de l'hospice, et avec l'accord de sa mère, Bernadette retourne près de Massabielle. Curieuses mais prudentes, ses amies emportent un flacon d'eau bénite... On ne sait jamais, si c'est le diable, on pourra le faire fuir !

Arrivées sur place, elles s'agenouillent, prennent leurs chapelets et commencent à prier.

À peine Bernadette a-t-elle entamé sa première dizaine qu'elle aperçoit la belle Dame. Elle le murmure aux autres qui ne voient rien et n'entendent rien.

Voulant lui jouer un mauvais tour, sa petite voisine Jeanne, qui était là le 11 février, grimpe sur les hauteurs du rocher et lance une grosse pierre qui tombe au milieu de l'assistance. Prises de panique, croyant à une colère divine, les fillettes s'enfuient en hurlant. Bernadette, toujours en extase, reste sans bouger. Ayant entendu ces cris de terreur, le meunier Antoine Nicolau arrive sur place et s'adresse à Bernadette. Il lui demande ce qui s'est passé et ce qu'elle fait là. Bernadette ne répond pas, elle est comme happée, envoûtée.

Antoine Nicolau décide de la reconduire chez elle, il s'approche et tente de la soulever de terre... Impossible ! Elle est devenue lourde, très lourde, trop lourde. Ce grand gaillard qui a pourtant l'habitude de soulever de gros sacs de farine, parvient avec peine à l'arracher à ses pensées et à sa vision.

Cet événement incroyable ne manque pas d'animer les conversations, que ce soit dans les rues ou dans la cour de récréation de l'hospice des Sœurs de la Charité. La supérieure en profite pour, à son tour, mettre en garde Bernadette ; elle parle de ses « carnavalades », preuve qu'elle ne fait pas grand cas de ces visions.

À cet instant de notre récit, il ne faut surtout pas croire que d'un côté il y a Bernadette, avec ses visions, et de l'autre, toute la population et les autorités, avec leurs doutes. Ce n'est pas si simple.

Certains habitants sont persuadés que Bernadette a bien vu quelque chose ou quelqu'un. De bonnes âmes lui proposent, à sa prochaine visite, d'emporter avec elle un morceau de papier, une plume et de l'encre pour permettre à la belle Dame de s'exprimer, d'expliquer ce qu'elle souhaite et de dire qui elle est !

La semaine suivante, Bernadette, suivie par ces « bonnes âmes », se rend à la grotte… Laissons-la raconter :

> *« … Arrivée là, je commençais à dire le chapelet. Après avoir récité la première dizaine, je vis la même Dame… Elle se mit à sourire et me dit ce qu'elle avait à me dire, ce n'était pas nécessaire de l'écrire, mais si je voulais avoir la grâce d'y aller pendant quinze jours… »*

Inutile de lui offrir du papier et une plume, la voix suffit à la belle Dame pour se faire comprendre et se faire entendre. Elle demande à Bernadette de venir à sa rencontre, pour lui confier les messages qu'elle veut faire connaître au monde.

Au retour de cette troisième vision, les « bonnes âmes » vont annoncer en ville, à qui veut l'entendre, que la petite Bernadette parle avec la Vierge Marie. Une telle affirmation se répand comme une traînée de poudre. Il n'en faut pas plus pour attirer vers Lourdes des dizaines puis des centaines de personnes. Les curieux entourant Bernadette Soubirous auprès de la grotte ne sont qu'une centaine le 21 février, ils seront plus de 2000 au début du mois de mars 1858.

Bernadette, une volonté à toute épreuve

Comme promis, Bernadette se rend tous les jours à la grotte depuis ce fameux 18 février, jour où la Dame lui a demandé de venir à sa rencontre pendant quinze jours. Attirées par les bruits qui courent, les foules sont de plus en plus nombreuses à se déplacer et l'inquiétude s'installe dans l'esprit des autorités.

Il faut agir… et vite !

C'est pourquoi, le dimanche 22 février, à la sortie de l'église, Bernadette est littéralement interpellée par le garde-champêtre. Le brave homme sort fièrement de sa sacoche un ordre écrit. Il est chargé d'amener la jeune fille devant le commissaire de police de Lourdes, M. Jean-Dominique Jacomet. Le but de cette convocation est simple : il veut connaître la vérité, il veut savoir ce que Bernadette va lui dire à propos de ces visions qui bouleversent toute la population du canton et même au-delà… Il veut en savoir plus !

Pendant de longues, très longues minutes, Bernadette Soubirous va subir un véritable interrogatoire. Comme toujours en pareil cas, il lui demande de décliner son identité puis il lui pose quelques questions sur sa vie, sur son apprentissage avant d'entrer dans le vif du sujet.

Il lui pose la question qui brûle les lèvres de tout le monde… :

– Alors, Bernadette… on dit que tu vois la Sainte Vierge. Est-ce vrai ?

Calmement, Bernadette lui répond qu'elle n'a jamais affirmé une pareille chose. Bien sûr, elle a vu quelque chose ou plutôt quelqu'un. Quelqu'un qui a la forme d'une « petite demoiselle », affirme-t-elle au commissaire.

Le flot de questions reprend de plus belle.

– Et pourquoi les autres filles qui sont avec toi ne voient rien ?

Bernadette ne peut répondre.

– Cette petite demoiselle, comment est-elle habillée ?

De sa voix douce, Bernadette raconte ce qu'elle a vu. La « demoiselle » porte *« une robe blanche, serrée par une ceinture bleue, un voile blanc sur la tête et une rose jaune sur chaque pied »*.

La précision de la description semble agacer le représentant de l'ordre Il va tenter de la déstabiliser, mais en vain. Bernadette est sûre d'elle.

Comment croire cette enfant qui est la seule à voir cette apparition et à entendre ce qu'elle dit ? C'est du domaine du surnaturel et, pour un esprit cartésien comme celui du commissaire Jacomet, c'est difficile à admettre. Comme toujours, l'incompréhension entraîne la colère. Il demande, il exige que Bernadette ne se rende plus à la grotte et qu'elle cesse d'ameuter le pays.

C'est trop lui demander. Bernadette a promis à la belle Dame de venir quotidiennement pendant deux semaines. Finalement, à bout d'arguments, le commissaire la laisse quitter l'hôtel de police. Il n'a d'ailleurs aucune charge contre elle et, de plus elle est mineure.

Chose promise, chose due, Bernadette va se rendre à la grotte tous les jours entre le 18 février et le 4 mars 1858. Pendant cette période, tout se précipite. Ainsi, par exemple, le 23 février, la belle Dame lui confie trois secrets qui la concernent personnellement et qu'elle ne révélera jamais.

Deux jours plus tard, le 25 février, elle lui demande de se rendre à la fontaine.

Persuadée qu'il s'agit de la rivière qui coule devant la grotte, Bernadette y descend. Mais non, ce n'est pas de ce cours d'eau dont il s'agit, elle doit découvrir cette fontaine « dans » la grotte. Elle se penche, gratte le sol et découvre effectivement un mince filet d'eau… cette eau de Lourdes qui va devenir si célèbre.

Le 2 mars enfin, la belle Dame la charge d'une mission importante. Bernadette doit demander aux autorités ecclésiastiques de faire construire une chapelle sur le lieu même des apparitions !

Cette fois c'en est trop, Bernadette Soubirous va trop loin. Il faut des preuves, il faut que cette « Dame » lui donne son nom. La tension monte. De plus, on approche de la date fatidique, les fameux quinze jours se terminent dans quelques heures.

Un laps de temps très court qui permet aux policiers et aux gendarmes de fouiller la grotte de fond en comble pour éviter toute tromperie, toute mascarade, toute supercherie…

Ce jeudi 4 mars, une foule immense, de plus de 7 000 personnes, converge vers la grotte. Le peuple, qui croit de plus en plus aux visions de Bernadette, est persuadé qu'il va se passer quelque chose. Ce jour-là doit être important. La belle Dame va sans doute enfin révéler son identité… Chacun retient son souffle… Bernadette l'aperçoit, lui parle, elle lui répond et… et… et puis rien !

Il faut encore attendre pour connaître la vérité. Pendant les quelques jours qui suivent, Bernadette Soubirous ne vient plus devant la grotte. Elle y est comme mystérieusement attirée le 25 mars 1858, jour de l'Annonciation. Un jour de fête choisi par l'Église pour rappeler la visite de l'ange Gabriel à la Vierge Marie, venu lui annoncer la grande nouvelle, la naissance d'un fils qu'elle appellera Jésus.

Ce 25 mars, Bernadette pose à nouveau sa question : « *Mademoiselle, voulez-vous avoir la bonté de me dire qui vous êtes, s'il vous plaît ?* » Pour seule réponse, elle obtient un large sourire. Bernadette insiste, repose la question, deux fois, trois fois et à la quatrième tentative, elle entend ces quelques mots en patois : « *Que soy era Immaculada Counceptiou* », « *Je suis l'Immaculée Conception* ». Ce sont les dernières paroles qu'elle a confiées à Bernadette Soubirous.

La belle Dame s'est nommée, elle lui a dévoilé son identité, même si Bernadette ne comprend pas ce que cela signifie. En revenant de la grotte, elle essaie surtout de ne pas oublier ces deux mots qu'elle ne connaît pas : « *Immaculada Counceptiou* ». Quand elle les confie à ses premiers interlocuteurs, ils sont abasourdis. La belle Dame est donc bien la Vierge Marie, cette fois cela ne fait plus aucun doute.

Bernadette, une modeste messagère

Après cet ultime et primordial message confié à cette jeune fille de 14 ans, la Vierge lui apparaît encore à quelques reprises jusqu'au 16 juillet 1858, jour de la dernière entrevue.

À partir de cette date mémorable, Bernadette prend l'habitude de dire : « *À présent, je suis comme tout le monde.* »

Et pourtant c'est loin d'être l'avis de tout ce monde, justement. Pendant des mois, elle va être consultée, interrogée, visitée, jugée. Les croyants viennent la voir pour l'embrasser, la toucher, lui demander une bénédiction, qu'elle refuse de donner. Pour la protéger de tous ces pèlerins qui viennent de plus en plus nombreux, Bernadette est devenue, en juillet 1860, pensionnaire à l'hospice des Sœurs de la Charité où elle s'occupe des enfants les plus démunis. Elle y apprend elle-même à lire et à écrire, et mène une vie simple et discrète en attendant de pouvoir devenir religieuse, comme elle le souhaite depuis ses rencontres avec la Vierge Marie. Pendant que les scientifiques et les commissions d'enquête font leur travail, comme on va le découvrir, Bernadette laisse parler son cœur et son âme. Après des mois de réflexion, elle demande à entrer chez les Sœurs de la Charité et de l'Instruction chrétienne de Nevers.

C'est donc au couvent Saint-Gildard de Nevers que Bernadette Soubirous arrive ce 7 juillet 1866. Elle va y vivre les treize dernières années de sa vie sous le nom de sœur Marie-Bernard. Humble, simple et modeste, sœur Marie-Bernard, dont la santé est fragile, peut enfin prier dans le silence et le recueillement.

Elle rend son âme à Dieu le 16 avril 1879, âgée de 35 ans. Après un long procès, Bernadette Soubirous est béatifiée le 14 juin 1925 et canonisée à Rome, le 8 décembre 1933, par le pape Pie XI. Désormais, elle est fêtée chaque année le 18 février, en souvenir de la première des dix-huit apparitions de la Vierge.

Bernadette, une sainteté à toute épreuve

Ce chemin qui mène à la sainteté est à la fois douloureux et magnifique. Avant d'y parvenir de nombreuses questions se sont posées, sur la personnalité de Bernadette et sur ses visions…

Bernadette Soubirous qui s'est exprimée dans sa langue régionale a donc été choisie comme intermédiaire, comme messagère, entre la Vierge et les hommes. Pour les fameux esprits cartésiens et certains scientifiques, il faut plus que cela pour être convaincu. Il faut plus que les dires d'une jeune fille, si douce, si sensible, si émouvante soit-elle, pour lui donner raison. Il faut des preuves.

Or les preuves n'ont pas manqué. La première guérison miraculeuse à s'être déroulée à Lourdes date du 2 mars 1858, ce même jour où la Sainte Vierge a chargé Bernadette de demander l'édification d'une chapelle. Ce jour-là, au milieu de la foule impressionnante qui se presse devant la grotte, se trouve Catherine Latrapie. Cette mère de deux jeunes enfants est enceinte. Malheureusement, depuis plusieurs semaines, elle ne peut plus exercer son métier de tricoteuse depuis qu'une mauvaise chute lui a fait perdre l'usage de deux de ses doigts de la main droite qui sont restés paralysés. Venue prier devant la grotte, elle s'avance jusqu'à la source découverte par Bernadette le 25 février, elle plonge sa main malade dans l'eau fraîche et en un instant ses doigts se mettent à bouger. Elle peut utiliser de nouveau sa main droite, elle va retrouver du travail et nourrir ses enfants… Un miracle ? Attendons le verdict des autorités religieuses et scientifiques pour parler de « miracle », même si ces guérisons se multiplient.

Les premières expériences scientifiques sont réalisées sur l'eau de la grotte. Le premier « expert » contacté est bien sûr le pharmacien de Lourdes qui n'hésite pas à déclarer cette eau mauvaise, nocive, et pour cause… Quelques temps plus tard, un chimiste affirme le contraire. Il faut donc nommer un troisième scientifique dont la contre-expertise confirme que cette eau est semblable à celle que l'on trouve partout dans la montagne. Sa composition n'a rien d'exceptionnel, rien d'extraordinaire. Désormais, c'est incontestable, cette eau possède certaines propriétés qui ne peuvent être expliquées scientifiquement.

Le 28 juillet 1858, quelques jours seulement après la dernière vision de Bernadette, une commission d'enquête sur les apparitions de Lourdes est diligentée par l'évêque de Tarbes, Monseigneur Laurence. Les religieux qui la composent travaillent sérieusement, ils auditionnent, écoutent avec intérêt, interrogent et n'hésitent pas à venir jusqu'à la grotte. Parmi les témoins, on trouve bien sûr Bernadette qui raconte à la commission ce qu'elle a vu et entendu lors de plusieurs comparutions entre novembre 1858 et décembre 1860.

Au début de l'année 1862, la commission rend son jugement. Il est net, clair et précis :

> « *Vu le témoignage écrit des docteurs-médecins que nous avons consultés au sujet de nombreuses guérisons obtenues à la suite de l'emploi de l'eau de la Grotte [...] Avons déclaré et déclarons ce qui suit : Article premier : nous jugeons que l'Immaculée Marie, Mère de Dieu est réellement apparue à Bernadette Soubirous, le 11 février 1858 et les jours suivants, au nombre de dix-huit fois, dans la grotte de Massabielle, près de la ville de Lourdes...* »

Ainsi, la jeune fille a su convaincre l'évêque de son honnêteté. Ce dernier a été sans doute touché par la sincérité et l'ingénuité de la jeune Bernadette, qui, soumise à des interrogatoires, a toujours fait des réponses nettes, précises et pleines de conviction. Les menaces dont elle a été victime, tout comme les propositions et les offres qui lui ont été faites, n'ont pas ébranlé l'enfant, qui ne s'est jamais contredite. Conscient que Bernadette, sans être mal intentionnée, aurait pu se tromper elle-même, l'évêque se demande si elle n'a pas été tout simplement victime d'hallucinations. La sagesse de ses réponses « *révèle dans cette enfant un esprit droit, une imagination calme, un bon sens au-dessus de son âge* ». Bernadette ne semble pas avoir un sentiment religieux particulièrement exalté et paraît équilibrée. Mais ce qui emporte enfin l'assentiment du prélat, c'est la répétition des apparitions : Bernadette aura eu dix-huit apparitions. À chaque fois, elles se sont produites subitement, alors que l'enfant ne s'y préparait pas. Au contraire, lorsqu'elle s'y attendait, l'apparition ne s'est pas produite. Le changement de l'expression de son visage durant les apparitions poussent l'évêque à conclure que la jeune fille a « *réellement vu et entendu un être se disant l'Immaculée Conception* ».

Il ne reste plus à l'Église qu'à reconnaître officiellement ces apparitions et ces miracles. Ce sera chose faite.

Parmi les expériences scientifiques nombreuses réalisées à partir de cette étonnante et merveilleuse histoire, il en est une qui a été menée à l'instigation de René Laurentin, incontestablement le spécialiste de Bernadette Soubirous.

Comme la petite fille de Lourdes est la première sainte de l'histoire à avoir été photographiée, René Laurentin a choisi quelques dizaines de portraits de Bernadette et les a confiés à deux médecins, spécialistes de morphopsychologie. Les réponses sont unanimes, Bernadette est équilibrée et intelligente.

Alors, Bernadette a-t-elle vraiment vu la Vierge ? À cette question, chacun apporte sa propre réponse. L'historien ne peut conclure sur la véracité des apparitions, c'est une question de foi. En revanche, il peut constater que les apparitions se sont produites dans un contexte particulier : quatre années avant les premières apparitions de Lourdes, en 1854, le Vatican a solennellement proclamé le dogme de l'Immaculée Conception.

Selon ce dernier, la Vierge Marie a été préservée du péché originel. Or, c'est précisément, par ce nom d'Immaculée

Conception que l'apparition se définit. S'il est certain que Bernadette, jeune fille illettrée vivant dans une région rurale assez reculée, ignorait tout de ce précepte, les apparitions tombaient à point nommé pour populariser un dogme encore récent. L'Église française se distingue à cette époque par son dynamisme et par sa volonté de reconquérir le terrain perdu durant la Révolution. Les missions rurales au cours desquelles le culte de la Vierge Marie est mis en avant se multiplient durant cette période. Ainsi, les circonstances historiques ont sans doute joué un rôle dans la reconnaissance des apparitions par l'Église.

Il reste que, depuis les apparitions de Lourdes, des milliers de fidèles font le déplacement pour se rendre sur les lieux mêmes. Chaque année, ils sont près de six millions à accomplir un pèlerinage sur les traces de Bernadette Soubirous.

Offrons le dernier mot au pape Jean-Paul II, venu à Lourdes le 14 août 1983 et rappelant au monde :

« Ici, autrefois, la "belle Dame" parlait avec une simple fille de Lourdes, Bernadette Soubirous ; elle récitait avec elle le chapelet, elle la chargeait de certains messages. En venant en pèlerinage à Lourdes, nous voulons entrer dans le cadre de cette extraordinaire proximité, qui, ici, n'a jamais cessé… »

Bibliographie

AUCLAIR, Marcelle, *Bernadette*, Paris, Seuil, 1992.

Bernet, Anne, *Bernadette Soubirous : la guerrière désarmée,* Paris, Perrin, 1994.

LAURENTIN, René, *Les Apparitions de Lourdes*, Paris, Lethielleux, 2002.

LAURENTIN, René, *Petite Vie de Bernadette,* Paris, Desclée de Brouwer, 2003.

LEFEBVRE-FILLEAU, Jean-Paul, *L'affaire Bernadette Soubirous*, Le Cerf.

Cet ouvrage a été imprimé
en novembre 2013 par

CPI
FIRMIN-DIDOT

27650 Mesnil-sur-l'Estrée
N° d'impression : 120364